En una voz humana

Carol Gilligan

En una voz humana

Traducción de Jaime Collyer

taurus

Papel certificado por el Forest Stewardship Council®

Título original: *In a Human Voice*

Primera edición: junio de 2025

© 2023, Carol Gilligan
Todos los derechos reservados
© 2025, Penguin Random House Grupo Editorial, S. A. U.
Travessera de Gràcia, 47-49. 08021 Barcelona
© 2025, Jaime Collyer, por la traducción

Printed in Spain – Impreso en España

ISBN: 978-84-306-2784-4
Depósito legal: B-6427-2025

Impreso en Rotoprint by Domingo, S. L.
Castellar del Vallès (Barcelona)

TA 2 7 8 4 4

ÍNDICE

A la memoria de mi madre,
Mabel Caminez Friedman,
quien me enseñó a escuchar la voz
que subyace a la conversación

PREFACIO

El motivo inmediato de este libro es que se cumplen cuarenta años de la publicación de *En una voz diferente*,[*] así como el aniversario cuadragésimo quinto de la aparición del ensayo original, aparecido en 1977, con el mismo título de «En una voz diferente», en la *Harvard Educational Review*. Sin embargo, el elemento gatillador más de fondo fue, en rigor, la intuición que me ha llevado a cambiar el título original.

Había estado rondando esa intuición durante años, presionada por las nuevas investigaciones y por los cambios producidos en el clima sociopolítico imperante. Lo sorprendente para mí es que

---

[*] N. del E.: *In a Different Voice. Psychological Theory and Women's Development* fue publicado en enero de 1982 bajo el sello Harvard University Press [Hay trad. cast.: *La moral y la teoría. Psicología del desarrollo femenino*. México D.F.: Fondo de Cultura Económica, 1985].

me haya tomado tanto tiempo vislumbrar lo que, visto en retrospectiva, parece evidente: la voz asociada a la ética del cuidado es una voz simplemente humana y adjudicarle a una voz humana el rótulo de lo «femenino» es problemático. En la aproximación a esta novedosa claridad, tuve a menudo la sensación de estar intentando abrirme paso en un terreno enmarañado. Escuchar la «voz diferente» como una voz humana implicaba sortear una serie de impedimentos que surgían en el camino a la conclusión de que la división binaria del género —la construcción de las capacidades humanas como «masculinas» o «femeninas»— no es solo una distorsión de la realidad, sino una piedra angular del patriarcado. Este libro cobró ímpetu a partir de todo lo que se deriva de esa toma de conciencia y queda clarificado por ella.

Al desplegar la senda que recorrí para llegar a esta fusión más intrincada de lo psicológico y lo político, he incorporado nuevos escritos, junto a algunos trabajos recientes que han operado como peldaños en que apoyar los pies durante el ascenso. Escribí la primera mitad de este libro, los capítulos 1 y 2, en el invierno de 2021-2022, y la mayor parte de la introducción al verano siguiente. Ninguno de esos textos se ha publicado anteriormente. Los capítulos 3, 4 y 5 aparecieron con formas relativamente distintas en 2020, 2014 y 2019, aportando nuevos materiales (la Eva bíblica, el concepto de daño moral, tres filmes escritos y dirigidos por hombres insertos en el actual cine comercial) que influyeron en mis reflexiones en torno al silencio y la voz, la iniciación y la resistencia, el género y el desarrollo individual, el patriarcado y la democracia.

El párrafo que abre la introducción se remonta a una fecha anterior, a inicios de los noventa, cuando escribí sobre mi experiencia de escuchar a Anita Hill. Ese momento ha quedado impreso en mi memoria porque trajo a colación la diferencia entre tener una voz propia y ser escuchado. Hoy en día me muestro escéptica cuando oigo a la gente hablar de encontrar su voz, como si ello fuera a resolver por sí solo la miríada de problemas, tanto psicológicos como políticos, que siguen al descubrimiento de que la propia experiencia no logra ser oída o de que no será escuchada y tomada en serio. Recuerdo que una vez en Japón fui en el tren de Kioto a Tokio. Una estudiante ya licenciada se había ofrecido gentilmente a acompañarme para que no me perdiera en la estación de trenes de Tokio. Ella me preguntaba sobre la voz, sobre perder la propia voz, y cuando yo le dije que nadie pierde su propia voz, su rostro se iluminó. ¿Podría escribir eso en su cuaderno?, me preguntó, extendiéndome la libreta. «Nadie pierde su propia voz», repetí al poner las palabras en una hoja en blanco; puede que la gente silencie su voz, me dije, pero eso siempre es por alguna razón.

Vaya mi más profunda gratitud a John Thompson, que atesoró la idea de este libro y puso su inteligencia al servicio de una edición que para mí fue un auténtico regalo. Agradezco, además, a los tres lectores de Polity, cuyos comentarios y sugerencias me parecieron excepcionalmente provechosos. Tengo también una inmensa deuda de gratitud por los muchos años de conversación con David Richards y Niobe Way. Gracias especialmente a Naomi Snider. A Judy Chu, Randy Testa, Walla Elshekh, Xanthia Hargreaves, Rachel Marandett, Amelia Spittal y Briana Thomas. Y a varias escritoras que han sido a la vez mis mejores amigas: Jorie Graham, Rachel Kadish, Daphne Merkin y Honor Moore. A Sarah Chalfant por su ojo y oído tan perspicaces y sus sabias sugerencias. A Carol Brandt por la charla en la cafetería de Abu Dhabi. A Tina Packer, siempre. Y a Jim, por escuchar, y luego escuchar de nuevo.

La simple humanidad de las personas...
es la auténtica salvaguarda de los derechos humanos.

JAN KARSKI

INTRODUCCIÓN

Recuerdo que en el otoño de 1991 estaban pintando la casa situada en la acera frente a la mía y que los pintores trajeron una radio para acompañarse cada día en su labor, depositándola junto a ellos en el andamio. En esa época, el Comité de Justicia del Senado de Estados Unidos, actuando bajo presión, había convocado a la profesora Anita Hill para que testificara sobre la nominación de Clarence Thomas a la Corte Suprema de Justicia.* La radio estaba a un volumen alto y la voz de Anita Hill resultaba cautivadora. El sonido calmo y uniforme de su discurso fluía por la

---

* N. del E.: En 1991 el juez Clarence Thomas fue propuesto por el presidente George H. W. Bush como candidato a la Corte Suprema. Ese mismo año la profesora Anita Hill acusó al juez Thomas de acoso sexual mientras él se desempeñaba como su supervisor, durante la década de los ochenta, en la EEOC (Equal Employement Opportunity Comission).

calle como un río. Entonces su voz quedó filtrada por las respuestas de los senadores. Recuerdo el proceso de escuchar a Anita Hill en dos fases: la de escucharla y luego la de escucharla no siendo escuchada.

Por la época en que comencé a escribir *En una voz diferente*, la voz de las mujeres era notoriamente obliterada en la psicología sobre la que yo daba clases. O mejor dicho, la voz de las mujeres era notoriamente obliterada en general. La escasa importancia de una omisión tan monumental —las mujeres son, después de todo, más de la mitad de la población mundial— fue, en parte, lo que me impulsó a escribir. Pero, siendo honesta, lo que más me incentivó fue la conciencia creciente de la gran facilidad con que una mujer *no* era escuchada, o era mal entendida, en aquellas ocasiones en que daba voz a lo que sabía a partir de su propia experiencia o en que decía lo que verdaderamente pensaba.

Con la publicación de «En una voz diferente», primero el artículo y después el libro, yo misma rompí una forma de silencio. Mi propio silencio. Lo que no sabía por entonces era que no se trataba solo de *mi* silencio. Al escribir sobre una voz diferente, me había propuesto retirar un filtro que mantenía encubiertos, por así decirlo, ciertos aspectos de la experiencia humana. Sin embargo, fue al oír la reacción al testimonio de Anita Hill cuando algo me quedó claro: ese filtro seguía operando. Anita Hill había hablado claramente, pero lo que dijo no fue tomado en serio.

Tras el fallo, en 2022, de la Corte Suprema de Estados Unidos en el caso de Dobbs versus la Organización de Salud Femenina de Jackson,* se volvió legal, o nuevamente legal, que un Estado silenciara a una mujer, de manera que en la práctica no tuviera voz ni voto en caso de quedar embarazada. Con la interrupción de cualquier relato progresista y reconfortante sobre las mujeres o la voz de las mujeres, o sobre la igualdad de las voces como piedra angular de la democracia, la Corte ha puesto de asombrosa actualidad, al derogar a Roe, las preguntas planteadas en *En una voz diferente*. En respuesta a la pregunta de por qué este libro justo ahora, hay un nexo relevante y conmovedor con la época en que realicé las

---

* N. del E.: En junio de 2022 la Corte Suprema de Estados Unidos dictó sentencia en el caso de Dobbs versus la Organización de Salud Femenina de Jackson. La decisión de la Corte Suprema fue anular las sentencias de tribunales inferiores y *Roe versus Wade*, que desde 1973 reconocía el derecho constitucional al aborto.

entrevistas conducentes a mis hallazgos. Parta-
mos por el principio.

El año es 1973. El presidente Nixon ha puesto fin al reclutamiento destinado a la guerra de
Vietnam y el fallo de la Corte Suprema en Roe
versus Wade ha legalizado el aborto*. Soy profesora a media jornada en Harvard. Mi doctorado
es en Psicología y, desde que obtuve mi grado
académico en 1964, he impartido clases con Erik
Erikson, así como con Lawrence Kohlberg. De
hecho, fue su labor en el tema de la identidad y
sobre la moral —específicamente, la insistencia
de Erikson en que no es posible considerar una
historia de vida fuera de la historia, en que la historia de vida y la historia están intrínsecamente
unidas, y la convicción de Kohlberg de que, tras
el Holocausto, era insostenible dentro de las ciencias sociales una postura de neutralidad axiológica
o relativismo cultural— lo que me inspiró y llevó
de vuelta al campo de la psicología. Con todo, yo
era madre de tres niños pequeños, bailarina de
danza moderna y activista en los movimientos
de derechos civiles y antibélicos. Como estudiante
universitaria en Swarthmore, mis estudios principales habían sido en literatura inglesa y fue esto
quizá lo que, en parte, gatilló mi interés por la

forma en que la gente se concibe a sí misma y su moral cuando se ve enfrentada a situaciones reales de conflicto y elección. A mí misma me interesaban preguntas relativas a la identidad y la moral o, como Larry Kohlberg planteó en esa época, la relación entre juicio y acción.

Y así, advirtiendo cierta renuencia de los varones que participaban en la sección de debate dentro del curso de Kohlberg sobre moral y elección política, sección que yo encabezaba —reparando en su franqueza cuando se trataba de discutir sobre la guerra de Vietnam, que la mayoría consideraba injusta, frente a su silencio cuando el tema era si uno debía resistirse o no al reclutamiento, elección que muchos de ellos tendrían que enfrentar luego de graduarse—, decidí hacer el seguimiento de esos estudiantes y entrevistarlos cuando estuvieran en su último año de universidad y la decisión del reclutamiento pendiera sobre ellos. Entonces el presidente Nixon eliminó el reclutamiento.

Fue en ese momento cuando varió mi foco de estudio. Yo andaba buscando una situación en que la gente tuviera que tomar una decisión, en que los temas de identidad y moral estuvieran en la balanza y en que esas personas debieran vivir con las consecuencias de su decisión. Dilemas morales reales versus hipotéticos. Y la Corte Suprema vino en mi ayuda: el caso de Roe versus Wade en 1973. Mi estudio se centraría en la decisión respecto al aborto, caso en que la gente acudiría a un lugar público (las clínicas de planificación familiar) y tomaría la decisión en un intervalo limitado de tiempo. En esa época, no me sorprendió que los entrevistados en la decisión respecto al reclutamiento fueran hombres y que quienes participaban en el estudio sobre la decisión de abortar fueran mujeres. Mi interés estaba puesto en la identidad y el desarrollo moral.

Entre 1973 y 1975, junto a Mary Belenky, por entonces una estudiante licenciada de Harvard y a la vez mi vecina y amiga, entrevisté a veintinueve mujeres que estaban en el primer trimestre de un embarazo confirmado y que estaban considerando la posibilidad de abortar. Las mujeres fueron derivadas a nuestro estudio por clínicas de atención primaria del South End de Boston, por los servicios de atención durante el embarazo (Preterm y Planned Parenthood) y por los servicios de orientación universitarios. Algunas de ellas, especialmente las adolescentes, eran derivadas por orientadores preocupados por sus reiterados abortos; unas venían porque estaban inseguras respecto a qué decisión tomar y agradecían la oportunidad de hablar de ello, y otras porque deseaban contribuir a la investigación. Las mujeres tenían un rango de entre quince y treinta y tres años y un origen diverso en cuanto a raza, etnia y clase social. De las veintinueve participantes, cuatro resolvieron tener al bebé, dos lo perdieron, veintidós escogieron practicar un aborto y dos se hallaban indecisas al momento de la entrevista y no pudieron ser contactadas cuando se hizo el seguimiento. Hubo datos exhaustivos resultantes de la entrevista para veinticuatro mujeres y, de estas, veintiuna fueron entrevistadas de nuevo al final del año que siguió a su decisión.

En el invierno de 1975 a 1976, mi esposo y yo nos mudamos de un suburbio de Boston a otro. Para nuestros tres hijos, el asunto fue como mudarse de un universo a otro, pues implicó nuevos colegios, nuevas amistades y un nuevo vecindario al que debían habituarse. Yo permanecí en casa ese año para ayudarlos a adaptarse al cambio, con un pequeño estipendio de investigación del que disponía para financiar mi estudio en torno a la decisión de abortar y, en los días en que los niños estaban en el colegio, leía las entrevistas que Mary y yo habíamos realizado.

Fue durante ese invierno, en un día que sigue grabado en mi memoria, cuando mi amiga Dora Ullian vino a visitarme. Estudiaba su licenciatura en Psicología en Harvard y también estaba interesada en el desarrollo moral. Estábamos las dos en la cocina, donde yo había estado leyendo las transcripciones de las entrevistas, y recuerdo que dije: «¿Sabes? Creo entender por qué los psicólogos tienen tantas dificultades para entender a las mujeres». En esa época enseñaba (y Dora estaba estudiando) las teorías de Freud y Erikson, Piaget y Kohlberg, todos los cuales habían confesado estar intrigados por las mujeres, en quienes habían observado un menor desarrollo que los hombres tanto en su autopercepción como en su capacidad de hacer juicios morales. Según Freud, las mujeres tienen un menor sentido de la justicia que los hombres. En la escala de seis estadios del desarrollo moral propuesta por Kohlberg, las mujeres puntúan típicamente hasta el tercer estadio o la etapa interpersonal, y muestran menos probabilidades que los hombres de avanzar a los estadios más abstractos o asociados a principios del razonamiento moral. Según Erikson, las mujeres funden o confunden identidad con intimidad, y Piaget observó que, a diferencia de los niños, las niñas dan prioridad a las relaciones por sobre las normas.[1]

Leyendo la transcripción de las entrevistas, oyendo en particular la forma en que las mujeres hablaban de sí mismas y de la moral, detecté una tendencia a elaborar de manera diferente las cuestiones morales: a partir, por así decirlo, de un lugar diferente, esto es, de una presunción de conexión más que de separación. Le comenté algo así a Dora y ella dijo: «Es interesante, ¿por qué no escribes acerca de ello?».

Y ese fue el origen de *En una voz diferente*. El estudio sobre la decisión de abortar dio impulso a un artículo que fue la pieza central del libro, el foco de sus dos capítulos principales: el capítulo 3, «Conceptos del yo y la moral»; y el capítulo 4, «Crisis y transición».[2] Aun así, hasta donde yo sé (mi estudio al respecto ha estado en Google) y pese a todo lo que se ha hablado de *En una voz diferente*, ha habido una especie de «orden de silencio total» en torno al estudio sobre la decisión de abortar, que casi nunca es mencionado y, cuando así ocurre, lo es casi exclusivamente por mí.

El artículo inicial, que escribí en el invierno de 1975, circuló entre mis estudiantes, quienes se lo enviaron a sus amigos, los cuales se lo enviaron a su vez a sus amigos. Eran los tiempos del mimeógrafo, que empleaba tinta violeta, y el ensayo circuló como un *samizdat*, lo cual encajaba con la percepción que yo tenía de mí misma en aquella época como miembro de una suerte de *underground*. Entonces, un día cualquiera, uno de esos estudiantes, que era parte del comité editorial de la *Harvard Educational Review*, preguntó si podía presentar el artículo a la revista y, sin pensármelo mucho, dije que bueno.

No recuerdo cuánto tiempo lo tuvieron en estudio, solo que me fue devuelto con la nota de «Rechazado». Solo eso. Ninguna solicitud de que lo revisara y volviera a presentarlo. Tan solo rechazado. Junto al comentario: «No sabemos qué es esto».

Eso me hizo dar un salto. ¿No saben qué es esto? Le agregaría entonces subtítulos, lo cual hice, y entonces lo envié de vuelta.

Esta vez, cuando el artículo me fue devuelto, decían: «Esto no es ciencias sociales». Y que, si yo reescribía el artículo en una voz impersonal y desde un punto de vista objetivo, lo reconsiderarían.

Yo dije: «Se titula "En una voz diferente"».

Y fuera por la razón que fuera —sospecho que porque para entonces estaban cansados de lidiar conmigo o quizá por mi insistencia en ser escuchada—, decidieron publicar el artículo y terminar con el tema.

Que el ensayo llegara a convertirse en un clásico de referencia, en la reimpresión más vendida de la *Harvard Educational Review* y en la pieza central de mi libro de 1982, hace de esta una linda historia que contarles a mis alumnos graduados cuando se sienten tentados de abandonar al sufrir un rechazo o cuando no llegan a imaginar que *En una voz diferente* tuviera un inicio tan poco auspicioso. Pero, al contar recientemente la historia en dos ocasiones en que pedí hablar de mi libro, me di cuenta de que, desde un principio, «En una voz diferente» fue reconocido por lo que era: un factor disruptivo. ¡No sabemos qué es esto!

«Pero, me dirán ustedes...», dice Virginia Woolf al comienzo de *Una habitación propia*.[3] Antes de decir nada sobre el tema que aborda, anticipa la interrupción. Sabe que no va a hablar sobre las mujeres y su nexo con la ficción de la forma que espera la gente, por lo cual se siente compelida a empezar hablando de las objeciones a lo que va a decir.

bell hooks escribe en una línea similar:

Nunca me dijeron que tuviera que permanecer en silencio; me enseñaron que hablar era importante, pero me lo enseñaron con un discurso que, en sí mismo, era silencio. Por un lado me instaban a hablar. Por el otro, era consciente de la traición que suponía un discurso que se oyera demasiado, por lo que mis esfuerzos para hablar y para escribir me sumían en una confusión y una ansiedad profundas.[4]

Cuando me di cuenta de que, desde un principio, «En una voz diferente» era considerado un factor disruptivo —yo estaba irrumpiendo en la conversación sobre psicología y moral al pedirle a la gente que escuchara la voz de esa conversación—, llegué a una revelación que vino a resolver lo que previamente me había resultado un enigma. Vi cómo esa disrupción había sido morigerada, cómo se la había vuelto menos disruptiva —he aquí la revelación— al convertir un problema de la psicología y la teoría de la moral en un problema de las mujeres. Las mujeres. Ah, claro, las mujeres. Las mujeres siempre han sido un problema, pero ahora sabemos que deberíamos escucharlas e incluirlas en los estudios de la psicología humana porque, de hecho, las mujeres *son* humanas... y así sucesivamente. Todo lo cual es cierto, pero no verdaderamente el punto.

En un juego de manos, «No sabemos qué es esto» se había transformado en «Sabemos qué es esto». «En una voz diferente» trataba sobre las mujeres y sobre el desarrollo de las mujeres, sobre el hecho de que las mujeres son diferentes a los hombres. La voz diferente fue cooptada, se diría que reclutada; al ser escuchada como una voz «femenina», se la ubicó dentro del propio marco conceptual —o la forma en que se habla sobre las mujeres y la moral— que mi foco, puesto en la idea de una *voz diferente*, había buscado desafiar.

Cuando una voz que protesta y resiste es silenciada, la escena queda servida para una confusión de lenguas, tomando prestada la frase de Ferenczi. Como psicoanalista, Ferenczi observó que los pacientes que han sufrido abusos en la infancia pueden llegar a identificarse con el agresor. Haber experimentado su propia voz resulta ineficaz; ellos hablarán con la voz del agresor, confundiendo esa voz con la propia.[5]

En los años inmediatamente posteriores a la publicación de *En una voz diferente*, me propuse estudiar el desarrollo de las niñas y clarificar a su vez qué quería decir con una voz diferente y una ética del cuidado. Aunque lo de la voz diferente y el cuidado sonaban «femeninos» y estaban asociados a las mujeres, yo no era una purista. Más bien, la atribución de género al cuidado y el cariño y el hecho de considerarlos «femeninos», junto al hecho de que yo misma escuchaba la voz asociada a la ética del cuidado como una voz femenina, me alertaron sobre la construcción de género como algo binario (ya fuera masculino o femenino) y jerárquico (privilegiando lo masculino). Para Sócrates y Freud, para Kohlberg y Piaget, y de modo más general dentro de la teoría de la moral, la virtud es una sola y se llama justicia. El cuidado es un deber «más allá del deber»: bueno en sí mismo, pero no requerido moralmente (excepto, por supuesto, en el caso de las mujeres). El binarismo y la jerarquía de género eran obvios.

Entonces se me hizo esencial abordar la confusión entre lo que suena a femenino, o es considerado como tal, y las mujeres. Como la filósofa Manon Garcia plantea en el título de su libro reciente, *No nacemos sumisas, devenimos*, es «el patriarcado [lo que] moldea la vida de las mujeres».[6]

En un estudio publicado en el *Merrill-Palmer Quarterly* en 1988 («Two Moral Orientations: Gender Differences and Similarities») [«Dos orientaciones morales: diferencias y semejanzas de género»], Jane Attanucci y yo examinamos la relación entre orientación moral y género. Al analizar las respuestas de estudiantes de Medicina a los hipotéticos dilemas morales de Kohlberg, encontramos que los hombres se dividían en una proporción a partes iguales entre los que se orientaban solo hacia la justicia y aquellos que introducían consideraciones tanto de justicia como de cuidado al resolver problemas morales. Entre las mujeres, un tercio de ellas consideraba solo la justicia, otro tercio hablaba de justicia y cuidado a la vez, y otro tercio se orientaba solamente al cuidado. El cuidado no es esencialmente, o de manera exclusiva, una preocupación de las mujeres, aunque al menos en esta muestra de estudiantes de medicina la preocupación por el cuidado y el cariño era articulada más a menudo por mujeres, y únicamente las mujeres respondían a problemas morales hablando solo del cuidado.[7]

En un capítulo de un libro publicado el año anterior («The Origins of Morality in Early Childhood Relationships») [«Los orígenes de la moral en las relaciones de infancia tempranas»], Grant Wiggins y yo habíamos observado que las preocupaciones relativas a la opresión (el uso injusto del poder) y las inquietudes relativas al abandono (la falta de cuidado) son preocupaciones humanas que se forjan en el ciclo de vida de los seres humanos.[8] Al escuchar a los niños, se oyen apelaciones a la moral en sus gritos: «¡No es justo!» y «¡No te importa!».

Fue, sin embargo, la investigación realizada con niñas la que hizo oscilar mi foco de interés de la elaboración y clarificación de la voz diferente a la pregunta de qué es lo que se interpone en nuestra visión de lo que es correcto cuando está frente a nuestros ojos. Y, en este punto, la construcción del género como algo binario y jerarquizado salió a la luz como la venda que nos impide ver y decir lo que es obvio. Las preocupaciones por la justicia y el cuidado son preocupaciones humanas.

En el seminario sobre resistencia a la injusticia que hice con David Richards en la Escuela de Derecho de la New York University, durante la semana que leímos *Meeting at the Crossroads* [*Encuentro en la encrucijada*][9] —un estudio de cinco años llevado a cabo con cerca de cien niñas de entre siete y dieciocho años—, una estudiante de Leyes reflexionaba del siguiente modo:

Leyendo las respuestas de las niñas y las explicaciones del equipo de investigación, no pude menos que sentir que ellas sacaban a la luz un montón de valores y comportamientos que me fueron inculcados de pequeña, en particular la noción de lo que es una «buena mujer» o de cómo encajar en el modelo de la niña perfecta. Recuerdo incontables ejemplos de cuando estaba creciendo y se me decía que fuera silenciosa, paciente y amistosa, que enfrentarse a los problemas era algo terrible y que era mejor evitar a toda costa los momentos de tensión y dejarlos pasar, seguir actuando como si no hubiera pasado nada en absoluto.

Y continuaba: «Recuerdo una gran parte de mi vida en que mi respuesta a todo era: "No lo sé", y en que (hasta hoy) anteponía a mi respuesta esta frase». Entonces, al preguntársele qué implicaba esto en relación con la resistencia a la injusticia, hacía una observación asombrosa: «Cuando enseñamos a las personas a no utilizar su voz de manera abierta y auténtica, tejemos un manto de dudas sobre todo lo que saben, lo cual sofoca su voluntad de hablar ante el conflicto y de enfrentarse a él».

Al estudiar el desarrollo de las niñas en el contexto de una cultura obsesionada con el género, en que los juguetes, al igual que la ropa, están separados en pasillos de color rosa y azul, constaté

un proceso de iniciación considerado equivocada-
mente como parte del desarrollo. Al pasar de la
niñez a la adolescencia y convertirse, a los ojos del
mundo, en mujeres jóvenes, al ingresar a la enseñanza secundaria y aprender cómo reflexionar
en torno al gesto de reflexionar, las niñas que-
dan sometidas a la presión de escindir la mente de su cuerpo (de mujer), sus pensamientos de
sus emociones, y a ellas mismas —sus voces más
honestas— de sus relaciones. La iniciación viene
pautada por el género. Sus códigos y guiones de
la virilidad y la feminidad se ciñen a lo binario y
la jerarquía. La moral entra en juego al conside-
rarse que los niños y niñas, en un sentido amplio,
deben aprender no solo lo que requieren, sino lo
que «deberían» hacer —deben aprender a hacer
lo que es correcto— si aspiran a constituirse y
ser percibidos por los otros como un «verdadero
niño» o una «buena niña». En su deseo de ser incluidos y con el fin de granjearse el respeto ajeno
y abrirse paso en un mundo preocupado por el género, los niños y niñas habrán de disociar su noción de sí mismos de aquellos aspectos personales
que pudieran conducir a que su masculinidad o
su feminidad fueran puestas en cuestión. Y en el
curso de la enseñanza secundaria aprenderán la

forma de hablar del amor y la verdad, la realidad y la moral. Esto es, aprenderán lo que pueden y no pueden decir si desean estar con otros y desean que esos otros quieran estar con ellos. Aprenderán qué es y qué no es lo que se considera el saber.

Esta iniciación de los niños y niñas en los códigos y guiones de género que sustentan un universo patriarcal, un mundo que privilegia la voz de los padres —en que la voz de un padre es la voz de la moral y la ley—, está marcada por un cambio de voz. Y este cambio de voz refleja una pérdida de su resonancia, pérdida que, a su vez, refleja una pérdida en el acto de vincularse. Paradójicamente, se exige a los niños que sacrifiquen la vinculación —su deseo de vivir en conexión consigo mismos y con terceros— para disfrutar de «relaciones». Para «relacionarse», las niñas y niños deben aprender a refrenar partes de sí mismos al vincularse, en la medida que, para las niñas, una voz sincera suena «estúpida» o «grosera» o «loca», y, para los niños, una voz emocionalmente abierta es oída como «infantil», «de niñita» o «gay».

En una diversidad de razas, etnias y clases sociales, las niñas astutas y combativas señalaban lo que ellas mismas reconocían como una crisis de conexión. Describían un problema que es verdaderamente un problema. Si dijeran lo que estaban pensando y sintiendo, nadie querría estar con ellas. «Mi voz sonaría muy fuerte», explicaba una chica. Pero si no dicen lo que piensan y sienten, tampoco nadie querrá estar con ellas. Estarán solas. De una u otra forma —hablando con sinceridad o no haciéndolo— perderán el vincularse. En el proceso de alcanzar la mayoría de edad, las niñas estaban siendo iniciadas en una especie de silencio.[10]

Entonces, la crisis de conexión que uniformiza a las chicas aludidas fue identificada por Niobe Way como uno de los «secretos más ocultos» en el desarrollo de los niños.[11] Tanto para los niños como las niñas, se decía que una pérdida sentida como tal no era una pérdida sino una ganancia. Un sacrificio del vincularse era, al parecer, el precio que cada uno paga por tener vínculos, algo implícito en la naturaleza de las cosas, una pérdida necesaria, parte de lo que significa crecer. Así, cierta fuerza que opera en el mundo estaba sembrando la confusión, complicando la capacidad de los niños de confiar en sus propios sentimientos o de percibir como valioso lo que habían perdido.

En los años noventa, el neurobiólogo Antonio Damásio se dio cuenta poco a poco de un gran error. Basándose en evidencia derivada de la investigación, reconoció claramente que la escisión de pensamiento y emoción, un supuesto considerado por mucho tiempo la piedra angular del desarrollo cognitivo, el *sine qua non* de la racionalidad, era una manifestación de una lesión cerebral o un trauma.[12] Los psicólogos que estudiaban el desarrollo habían llegado a una conclusión similar: la escisión del yo y el vincularse era, más que un signo de maduración, un residuo de un trauma: una respuesta a la experiencia de haberse sentido sobrepasado.[13]

En 1996, aproximadamente veinte años después de escribir por primera vez acerca de una «voz diferente», escribí también la palabra «patriarcado». Fue en un capítulo de las actas del simposio anual de la Jean Piaget Society. Un enigma había llamado mi atención. A mediados del siglo XIX, un psiquiatra observó que las niñas son más propensas a sufrir en la adolescencia. Quienquiera que trabaje en colegios sabe que, antes de la adolescencia, los chicos son más proclives a las dificultades psicológicas, con más probabilidades de que muestren signos de depresión, trastornos del aprendizaje y la atención y trastornos del habla y conductuales, en tanto que para las chicas es la adolescencia la que marca un alza repentina en la incidencia de depresiones, trastornos alimenticios, cortes y otras formas de comportamiento destructivo. Con todo, esta sorprendente disparidad entre los géneros —esta diferencia entre chicos y chicas en cuanto a la época en que su resiliencia está en riesgo—, aun cuando viene siendo observada desde hace más de un siglo, sigue careciendo de explicación y está sin explorar.

Titulé mi capítulo «El carácter central de la relación en el desarrollo humano» (a estas alturas, se puede ver en qué dirección marchaba mi pensamiento). El subtítulo era «Un enigma, alguna evidencia y una teoría». El enigma era la disparidad de los géneros y la evidencia provenía de los estudios realizados con niñas, que habían iluminado el proceso de iniciación. La teoría proponía que la iniciación de los niños en el binarismo de género y las jerarquías del patriarcado supone un riesgo para su resiliencia y está así marcada por señales de angustia psicológica. El momento más temprano en la iniciación de los niños (a grandes rasgos, entre los cuatro y siete años), en comparación con la iniciación más tardía de las niñas (que ocurre típicamente en la adolescencia), explica la disparidad de género.[14]

En sus estudios sobre la depresión, Martin Seligman había llamado la atención sobre una oscilación en los índices de depresión, con más evidencia de indicios de depresión en chicos que en niñas hasta la adolescencia, cuando ocurre esa oscilación. Al observar que, cualquiera que sea la causa de este vaivén en los índices de depresión, no tiene su origen en la infancia de las niñas, Seligman concluyó que algo debía ocurrirles a las niñas en la adolescencia.[15]

La resistencia de las propias niñas brindó la clave. Se resistían a las estricteces del patriarcado, al binarismo de género que las haría escindir sus pensamientos de sus emociones, su mente de su cuerpo y a ellas mismas —a la voz que les dice lo que sienten y piensan— de sus relaciones, así como a la jerarquía que las volvía sumisas ante la voz de los padres, oída como la voz de la autoridad. Las chicas se resistían a dejar de lado la forma en que percibían las cosas y a silenciar la voz que hablaba a partir de su propia experiencia, esa voz que hablaba de lo que ellas conocían de primera mano.

Fue con las niñas como supe de la iniciación y la resistencia. Las mujeres se estremecen ante la sola mención del séptimo básico, recordando las camarillas, la exclusión y la denominada «niña

perfecta», que con su sola apariencia hacía que todas las demás parecieran imperfectas. Algo im-
pulsaba estas divisiones entre las niñas y, como
Seligman sospechaba, no era algo enraizado en su
infancia. Como observa Maxine Hong Kingston
en *La mujer guerrera*, su novela de un proceso de
maduración, no era algo solo de *su* familia.[16] Una
fuerza que operaba en el mundo estaba impactan-
do a las niñas cuando alcanzaban la adolescencia.

De este modo, los estudios realizados con niñas instalaron el relato del desarrollo psicológico
en la escena política. Las niñas incluidas en ellos
mencionaban una crisis de conexión: un punto
de inflexión en el cual lo que alguna vez había
parecido algo banal —tener una voz y vivir relacionándose— se volvía extraordinario.[17] Una
iniciación sancionada culturalmente e impuesta
socialmente había llevado, en los términos de Ferenczi, a una confusión de lenguas en que la voz
de la experiencia estaba aparentemente extraviada
o desacreditada, desplazada por una voz que era
escuchada como mayormente autorizada y tomada como la voz propia. La iniciación de los niños
y niñas en los códigos y guiones de género dentro
de un orden patriarcal de vida evidenciaba algunas características distintivas del trauma.

A estas alturas, la palabra «patriarcado» había adquirido un significado muy específico para mí. Puesto en términos simples, el patriarcado es un orden de vida basado en el binarismo y la jerarquía entre los géneros. Para ser un hombre, uno debe ser masculino, no femenino, y a la vez superior (válido tanto para hombres no percibidos como verdaderos hombres como para las mujeres). En el patriarcado, el orden es el siguiente: él sobre ella, el hetero sobre el gay.

El descubrimiento fundamental de los estudios sobre el desarrollo individual que partieron con niñas en los años ochenta y continuaron con niños en los noventa y el siglo XXI, reside en la toma de conciencia de que el binarismo y las jerarquías de un orden patriarcal comprometen capacidades relacionales básicas del ser humano.[18] Al escindir la razón (masculina) de la emoción (femenina), la mente del cuerpo y el yo de las relaciones, los binarismos socavan nuestra capacidad de pensar en lo que estamos sintiendo, de saber lo que está ocurriendo en nuestro cuerpo, de seguir en contacto con otras personas y, por esa vía, de navegar en el universo social humano. Al provocar todo esto, realizan la puesta en escena de la jerarquía que privilegia lo masculino sobre lo femenino (la razón sobre la emoción, el yo sobre las relaciones, la justicia sobre el cuidado) y la justifican. A un tiempo idealizado y devaluado, lo femenino se cae, en efecto, del mapa de la experiencia humana. La ley Reconstruir Mejor que el Congreso estadounidense aprobó en noviembre de 2021 no incluía fondos para el cuidado infantil. De hecho, fue la eliminación de los fondos para labores de cuidado lo que aseguró que la ley fuera aprobada.*

Al socavar las capacidades relacionales humanas, la iniciación al patriarcado compromete la capacidad de los niños y niñas para sobrevivir y florecer. A la vez, pone los cimientos para todas las formas de opresión, ya sea inspiradas en la raza, clase social, casta, sexualidad, religión o lo que usted prefiera. Esto es así porque la internalización de los códigos de género por los niños y niñas, que les exige disociarse de ciertas facetas de su propia humanidad, obnubila su capacidad de percibir la injusticia y resistirse a ella.[19]

Para decirlo con toda claridad, al igual que un cuerpo sano presenta resistencia a la infección, una psiquis sana resiste a la cultura del patriarcado

---

* N. del E.: Se trata de la *Build Back Better Act*, aprobada por el Congreso de Estados Unidos en noviembre de 2021.

porque sus binarismos y jerarquías de género comprometen las capacidades relacionales en que nos apoyamos para sobrevivir y florecer.[20]

Lo que en primera instancia se había presentado como un problema con las mujeres, o un problema *de* las mujeres, resultó ser, al prestarle oídos más atentos —en el curso del tiempo y disponiendo de conocimientos cada vez más amplios—, un problema humano. Como los canarios en las minas, la maduración de las niñas estaba indicando un peligro para la supervivencia humana.

«En una voz diferente» fue lo primero que escribí para mí misma. Con el eco de la voz de otras mujeres —las mujeres que participaron en mis estudios, mis amigas y también el movimiento de mujeres, las voces de la segunda oleada del feminismo—, dije lo que verdaderamente pensaba sobre las mujeres y el desarrollo moral y sobre la psicología de la que yo impartía clases.

El secreto que reside en el centro de mi obra, que por largo tiempo fui incapaz de articular de alguna forma o decir claramente, es que, aun cuando el tema del género es esencial en la historia que cuento, no se trata de una historia sobre el género. Es una historia humana. Así que he cambiado el título de mi libro.

Este libro registra la experiencia de alcanzar cierta claridad que tuvo lugar durante varios años. Con la fuerza de una epifanía, me di cuenta de que allí donde a mí se me había enseñado a ver desarrollo, yo estaba viendo iniciación y resistencia. Lo que estaba en juego era la capacidad de cuidado. «Tan obvio que nadie se dio cuenta», como dice la narradora en *El dios de las pequeñas cosas*, la novela de Arundhati Roy.[21]

En las transcripciones de las entrevistas realizadas con niñas en el contexto del estudio al que se ha aludido hasta ahora, la frase «No lo sé» marcaba este rito de pasaje en la vida de las niñas. Un mandato («No») se había infiltrado entre «yo» y «lo sé». En sus estudios de amistades entre chicos adolescentes, Niobe Way escuchaba una frase comparable, «No me importa», que marcaba el ingreso de los chicos en la masculinidad. Una especie de negación psicológica, una disociación entre el yo y el saber, o entre el yo y el cuidado, era el requisito que se exigía a niñas y niños para consolidarse y ser percibidos por los demás como buenas mujeres u hombres de verdad. De manera que, en efecto, las mujeres cuidarían sin saber y los hombres sabrían sin cuidar, lo cual significaba que nada de todo esto tenía sentido.

La investigación del desarrollo que partió en los ochenta y noventa mostró así que el patriarcado descansaba sobre unos cimientos psicológicos que se tambaleaban, vulnerables a la posibilidad de que las mujeres supieran y los hombres cuidaran, y contingentes al olvido de ambos de lo que alguna vez les había importado o habían sabido. Porque el patriarcado no es natural, como Naomi Snider y yo señalamos con la pregunta «*¿Por qué persiste el patriarcado?*», en tanto los humanos son seres relacionales, nacidos con una voz y el deseo de no vivir solos sino relacionándose, pues como observa la antropóloga evolucionista Sarah Blaffer Hrdy, «las ideologías patriarcales, centradas tanto en la castidad de la mujer como en la perpetuación y aumento de los linajes masculinos, socavan la prioridad de larga data de poner en primer lugar el bienestar de los niños»;[22] entonces el patriarcado depende de la violencia y el silencio para su continuación. La violencia masculina o la amenaza de la violencia masculina mantienen en su sitio a su propia jerarquía del privilegio y el poder masculinos, y el silencio de las mujeres salvaguarda sus secretos. En vez de estar ligado a la supervivencia humana, el patriarcado pone nuestra supervivencia en riesgo.

En los años en que ejercí la docencia junto a Erik Erikson, él solía decir que, si uno desea saber qué problema no ha resuelto la cultura, debía prestar atención a los adolescentes. Ellos pondrían el dedo en la llaga y lo dramatizarían. Así ocurre hoy, por ejemplo, con los sustantivos que buscan abarcar a ambos géneros. Sea lo que sea que uno opine de los sustantivos terminados en «e» (en lugar de «o» y «a») o de otras alternativas no binarias a él/ella, el asunto tiene un punto. Para los adolescentes, como nos recordaría Erikson, es un asunto de identidad.

Del modo que yo he llegado a verlo, la tensión entre la construcción del género como algo binario y jerárquico, o bien su concepción como algo fluido y con un amplio espectro de opciones, esa es la diferencia entre el patriarcado y la democracia. En el patriarcado, el género es esencial; en la democracia, el género es irrelevante. La democracia descansa en un compromiso con la igualdad de voces, condición para resolver conflictos en la relación a través de la discusión abierta y el debate en lugar del uso de la fuerza. Es en este sentido, con respecto a la voz y la violencia, o a las votaciones versus la violencia, como la democracia y el patriarcado son opuestos.

La decisión de la Corte Suprema en Dobbs versus Jackson trae todo esto de vuelta. Para decirlo lisa y llanamente, en Estados Unidos y en pleno siglo XXI, una voz patriarcal ha sido reinstaurada como la voz de la moral y la ley, y el altruismo ha sido restaurado como el criterio para juzgar quién y quién no es una buena mujer.

Leer ahora *En una voz diferente* implica, pues, revisitar a la luz de esto la epifanía a la que varias mujeres arribaron al estudiar el fallo respecto al aborto: esto es, que el altruismo, considerado durante largo tiempo el epítome de la bondad femenina, es, de hecho, moralmente problemático. Tengo el pálpito de que esta es una de las razones por las que no se habla del estudio sobre el aborto. Porque es precisamente eso lo más conflictivo: el reclamo de una voz propia por parte de las mujeres, junto al reconocimiento de que tener una voz es algo integral, en lugar de antitético, a la labor del cuidado. Puesto que, para cuidar, para realizar la labor del cuidado, es preciso estar presente, estar en relación y prestar atención. Que una mujer se declare «altruista» (en apariencia, sin una voz o necesidades propias o percepciones de sí misma) no significa bondad, sino un acto de abdicación. Una abdicación de su voz y una evasión de su responsabilidad y su gesto de vincularse. El fallo de la Corte en el caso Roe le había quitado el piso a lo que había sido la justificación moral para el silencio de las mujeres. El altruismo, que había sido valorado en nombre del cuidado y el cariño, era, de hecho, indiferencia, la indiferencia enmascarada bajo la careta de la bondad.

En la semana que leímos *Meeting at the Crossroads* [*Encuentro en la encrucijada*] en el seminario sobre resistencia a la injusticia, una estudiante de Leyes reflexionaba sobre un silencio que había despertado su curiosidad:

De muchas maneras, estos años que siguieron a mi graduación de la secundaria fueron un periodo de desaprendizaje y recuperación de lo que era, en muchos sentidos, el trauma de mi experiencia educativa de infancia. Fui capaz de encontrar una voz —de la que estoy muy orgullosa—, pero casi nunca hablo de mi educación en la infancia. Y, por cierto, no creo que eso sea una coincidencia. Incluso luché conmigo misma para decidir si me sentía cómoda escribiendo este ensayo, intrínsecamente breve, al respecto, porque aún creo que no lo he procesado lo suficiente para hacerlo. Ahora me comprometo al máximo cada día en un trabajo de resistencia, pero descubro que evito esa parte que, aunque sea de manera tangencial, roza el tema del género. En resumen, evito cualquier cosa que me fuerce a reflexionar sobre mi infancia.

Entre las voces de niñas que Lyn Mikel Brown y yo dejamos registradas en nuestro libro, fue la de Jessie, una niña de once años, la que había quedado en la memoria de esta estudiante de Leyes. Citando *Meeting at the Crossroads* [*Encuentro en la encrucijada*], se mostraba impresionada por la observación de Jessie de que, con la edad, «se ha hecho más sutil, cognitivamente más sofisticada en su comprensión de sí misma y el universo social», pero a la vez «más dispuesta a olvidar lo que verdaderamente sucedió o a decir que lo que ella sabe por experiencia propia probablemente no sucedió, en lugar de desprenderse de lo que otros dicen que es la realidad».[23] Reflexionaba que, al igual que Jessie, estaba asimismo más dispuesta a olvidar lo que verdaderamente sucedió —más dispuesta a decir que lo que sabía por su experiencia probablemente no había sucedido— que a desprenderse de lo que otros decían que era la realidad. Desde su mirada, esto fue el trauma de su educación. Me impactan su candor y coraje al admitirlo: aunque se compromete al máximo cada día en su trabajo de resistencia, evita esa labor «que, aunque sea de manera tangencial, roza el tema del género». Como estudiante que asistía al seminario de resistencia a la injusticia, ahora comenzaba a preguntarse: ¿cómo puede ser?

Es una verdad de Perogrullo en los estudios sobre el trauma, como nos recuerda Judith Herman, que el perpetrador depende del espectador para hacer cualquier cosa,[24] de modo que llegamos a olvidar y, aparentemente, a no saber lo que en nuestro interior sabemos, o a que no nos importe aquello que en verdad nos importa. Por decirlo de otro modo, con la iniciación en los códigos y guiones de género del patriarcado, nos volvemos narradores poco confiables de nuestra historia de vida.

El último día del semestre en mi seminario sobre la escucha, una estudiante me envió un correo electrónico en que se decía agradecida por el curso, por su foco en la escucha y por el hecho de ser curiosa. «Más que nada», escribía en su correo, quería que supiera lo agradecida que estaba de que yo «hubiera reaccionado de manera escéptica» cuando, en su presentación de ese día ante la clase, ella había cuestionado el significado de la palabra «disociativo» y dicho que no sabía qué hacía en la transcripción de la entrevista que había llevado a cabo. «Disociativo» había sido empleado en dos ocasiones por la persona a la que ella había entrevistado.

Al escuchar su presentación, teniendo en cuenta su observación de que en la entrevista «[la partícula] *no lo sé* está por doquier», me quedó claro que, de hecho, ella sí sabía qué hacía el término «disociativo» en este escenario psicológico, así como lo que significaba: en rigor, les hablaba sin rodeos a sus preguntas sobre cómo las mujeres pueden tolerar emocionalmente el trabajo sexual.

«De verdad me ha abierto los ojos», proseguía la estudiante, «practicar esto de escucharme a mí misma y atender a lo que ya sé». Contuve el aliento al leer lo que seguía: «Demasiado a menudo descubro que, en varias etapas de mi vida, he desconfiado de mi propia intuición o me he quedado corta al extraer conclusiones para las que disponía de evidencias, y que nunca he sabido por qué lo hago».

Antigua abogada litigante que ahora estudiaba para obtener un magíster en Derecho, me había escrito para agradecerme por «darnos a mí y a mi curso el permiso para escucharnos e infundir esta confianza en nosotras mismas. Significa muchísimo para mí, más de lo que puedes haber sido consciente».

Siempre lo olvido con facilidad. O pienso que este problema de las mujeres que necesitan permiso para escucharse a sí mismas, o para confiar en conclusiones para las que cuentan con evidencias, es cosa del pasado. La estudiante en cuestión es blanca y me descubro pensando si esto es especialmente cierto para las mujeres blancas, quienes, en función de su raza, pueden tener una ilusión de inclusión.

Releo entonces el correo: «Me he quedado corta al extraer conclusiones para las que disponía de evidencias, y que nunca he sabido por qué lo hago». Me conmueve su honestidad, la cualidad tan específica de su autoconciencia, la precisión de su observación: aun cuando posee la evidencia, se queda corta, y no sabe por qué. ¿Qué habría pasado si no se hubiese quedado corta?, me sorprendo preguntándome. ¿Qué imagina que habría ocurrido? Y, de hecho, ¿qué podría haber ocurrido en tal caso?

Fueron las chicas adolescentes las que me enseñaron a escuchar las palabras «en realidad» y «verdaderamente» y cómo pueden indicar un giro desde decir lo que pienso a decir lo que de verdad pienso. Fue el paso de las niñas a la adultez lo que me mostró la forma en que una voz humana queda oculta: cómo el «No lo sé» puede convertirse en una pantalla para el «Lo sé». Al preguntar «¿Cómo puede ser?» (¿qué impide que una mujer confíe en su intuición, o extraiga conclusiones aun cuando tenga la evidencia en que basarlas, o diga lo que de verdad piensa o cómo realmente se siente, y la lleva a mantener oculta una voz honesta?), descubrí que para responder a estas preguntas tenía que fusionar una explicación psicológica con una comprensión política del asunto. De otro modo, no conseguiría dar sentido a la evidencia. Ni explicar la resistencia, tanto la resistencia de las niñas como la resistencia a lo que los estudios realizados con niñas ocultaban.

Mi oído se aguza ahora cuando escucho la frase «Para ser honesto». ¿Es un preludio a un cambio de voz? ¿Un movimiento hacia el vincularse? De modo que, en lugar de decir lo que digo, diré lo que diría si fuese honesta. Y me sorprendo preguntándome en qué nivel de consciencia se da cuenta la gente de estar haciendo este cambio, y también qué es lo que impulsa a la gente a hacerlo.

Son preguntas que adquieren un matiz profético en el momento actual, en que el descuido y la indiferencia suponen tantos riesgos. Escuchar la voz diferente, la voz de la ética del cuidado por lo que ella es: una voz humana; reconocer que la voz de la que difiere es una voz patriarcal (ligada al binarismo y la jerarquía entre los géneros); y darse cuenta de que allí donde el patriarcado está en vigor y es impuesto, la voz humana es una voz de resistencia.

Lo que esto nos brinda es, así, un punto de partida.

1
LAS VOCES Y SILENCIOS DE LAS MUJERES

Un domingo, a finales de noviembre de 2021, *The New York Times* publicó una reseña de un libro titulado *The Trouble with White Women* [*El problema con las mujeres blancas*]. Joan Morgan, la reseñista, partía así:

> Para comprender plenamente la importancia de *The Trouble with White Women*, de Kyla Schuller, sirve entender el clima feminista en que aparece. Primero fue la derrota de Hillary Clinton en la elección presidencial de 2016, provocada de manera elocuente por alrededor del cincuenta por ciento de mujeres blancas que votaron por Donald Trump; y luego el rechazo de la Corte Suprema de Estados Unidos a bloquear la ley que prohíbe el aborto a las seis semanas de embarazo (una mayoría de mujeres blancas de Texas votó por el gobernador Greg

Abbott y el senador Ted Cruz, ambos a favor de esa ley).[1]

No hay forma de hablar de la voz de las mujeres en el actual clima político sin hablar a su vez de raza. Esto implica hablar sobre la voz de las mujeres blancas que instigaron la derrota de Hillary Clinton y votaron por políticos tejanos que apoyaban la ley para prohibir el aborto más allá de las seis semanas de embarazo, al igual que de la voz de mujeres blancas que votaron por Clinton y contra los políticos que prohibirían el aborto. Implica hablar de la voz del noventa y uno por ciento de las mujeres negras que votaron a Clinton en 2016, y del noventa y cinco por ciento de mujeres negras que votaron por Joe Biden en 2020, y también de aquellas entre el cincuenta y tres por ciento de mujeres blancas que, en 2020, votaron para reelegir a Donald Trump (Pew Research Foundation).[2] En resumen, implica hablar de la raza y el género, preguntándose por qué esas mujeres negras que votaron lo hicieron (de forma abrumadora, más que ningún otro grupo, incluyendo el de los hombres negros) a favor de los demócratas, y por qué una mayoría de las mujeres blancas que votaron eligió —hasta donde podemos apreciar— la supremacía blanca por encima de la solidaridad de género al votar por Trump en las dos elecciones de 2016 y 2020.

Todo lo cual equivale a decir que mi historia sobre la voz de las mujeres no puede ser simplemente una historia acerca del género. Es más, no trata sobre las mujeres versus los hombres, como el binarismo de género plantearía, ni sobre la opresión o sumisión de las mujeres dentro de una jerarquía de géneros que privilegia a los hombres. En lugar de ello, se trata de una historia sobre la resistencia, que incluye a las personas negras y blancas, a las mujeres negras y blancas. Ante todo, es una historia acerca de las niñas.

Me pregunto si ustedes, queridos lectores y lectoras, se impresionan por lo que yo encuentro tan impresionante, y es que las niñas, entre todos nosotros, estén dando su voz a la resistencia. En muchos sentidos, siempre hemos sabido esto sobre ellas. Nos basta con leer *Ifigenia en Áulide* para oír la voz de una hija, Ifigenia, que, tras ser convocada por Agamenón, su padre, y enterarse de que él se prepara para sacrificarla con miras a obtener el concurso de los vientos que llevarán a la armada griega hasta Troya, le espeta que está loco. La vida sin honra, le dice, es preferible a la muerte.

No hace falta decir que él no la escucha. Su hija está yendo en contra de la cultura que él defiende, una cultura que valora la honra por encima de la vida.

En su segundo discurso, después de comprobar que su voz no ha tenido efecto alguno, Ifigenia disuade a su madre de protestar, explicándole que anhela ser el sacrificio de su padre y pasar a la historia como la responsable de restituir el honor a Grecia.[3] He aquí un retrato de iniciación: de la psiquis alineándose con los valores de la cultura en la que existe. Para Aristóteles, sin embargo, constituye un fallo en la dramaturgia porque, a su entender, el cambio en la voz no es explicado.[4]

Tras pasar diez años escuchando a niñas en el preciso momento de su iniciación a una cultura que valora el honor por encima de la vida y privilegia la voz de los padres, puedo explicarlo yo misma. Es más, he oído ese cambio de voz una y otra vez entre las niñas que alinean su voz con las normas y valores patriarcales. Pero asimismo he sido testigo de su resistencia a entrar en esa alianza y de los efectos de esa resistencia en las mujeres, y aquí reside la historia que quisiera contar, sobre la forma en que las voces y silencios de las mujeres nos brindan intuiciones para entender lo que, de otra forma, sería un acertijo en el desarrollo humano: la razón de por qué nos acomodamos a una cultura que compromete nuestra humanidad. Pues, como hemos comprobado en nuestra propia época, las voces de las niñas pueden ser radicalmente disruptivas, especialmente cuando son escuchadas.

Estoy pensando en Greta Thunberg. «No me lo agradezcan, hagan algo», repuso la propia Greta a los miembros del Congreso que corrieron a darle las gracias cuando visitó el Capitolio de Estados Unidos. Greta, cuya huelga escolar unipersonal a los quince años —tan solo Greta y su cartel hecho a mano enfrente del parlamento sueco— inspiró la mayor manifestación por el clima de toda la historia: más de cuatro millones de personas de 161 países se sumaron a la huelga global por el clima el 20 de septiembre de 2019. Greta, que se convirtió en 2019 en la persona del año para la revista *Time* y fue nominada al premio Nobel de la Paz.

Ella es un caso. Pero hay otro: Darnella Frazier. De toda la gente que asistió al asesinato de George Floyd a manos del policía Derek Chauvin, Darnella, de diecisiete años, fue la única que sacó su teléfono móvil y encendió la cámara para grabarlo todo. Filmó el incidente en su totalidad, los cerca de diez minutos que Derek Chauvin mantuvo presionado con su rodilla el cuello de George Floyd hasta que murió. Al reportero que le preguntó por qué lo había filmado, Darnella le explicó: «No fue lo correcto. Él estaba sufriendo. Le dolía... El mundo tenía que ver lo que yo estaba viendo». Y puesto que lo filmó, un policía blanco, Derek Chauvin, fue condenado por el asesinato de un hombre negro, George Floyd. El video fue la evidencia crucial en el juicio. Como explicó la misma Darnella: «Abrí mi teléfono móvil y empecé a grabar porque sabía que, si no lo hacía, nadie iba a creerme».[5]

¿Por qué chicas adolescentes? Desde el punto de vista de un psicólogo, la pregunta más acuciante puede ser: ¿qué les pasó a los demás? ¿Cómo puede ser que el resto de la gente que estaba viendo lo que le ocurría a George Floyd justo delante de sus ojos y escuchando sus gritos no sacara su teléfono móvil y grabara lo que claramente no estaba bien? ¿Qué hay de toda la gente para la que el agradecimiento de los miembros del Congreso hubiera bastado y que, a diferencia de Greta, no hubiera respondido con «Está todo mal» o «¿Cómo se atreven?», queriendo decir «¿Cómo se atreven a quedarse de brazos cruzados cuando mi futuro está en juego?».[6]

En 1981, después de concluir *En una voz diferente*, me enteré por boca de Joseph Adelson, editor del *Handbook of Adolescent Psychology* [*Manual de psicología adolescente*], de 1980, de que las chicas adolescentes «simplemente no habían sido muy estudiadas hasta entonces». La psicología de la adolescencia era, «en buena medida, el estudio del varón joven».[7]

Así es, pues, pensé yo, porque esto era efectivo, en aquella época, para buena parte de la psicología, por no mencionar la investigación médica, en que los indicios de infartos en las mujeres son aún descritos como «atípicos», queriendo decir con ello que no son como los de los hombres. Pero... en un libro lleno de voces femeninas —estoy hablando de *En una voz diferente*, en el cual los dos capítulos centrales tratan de mujeres que, en los efectos inmediatos del fallo de Roe versus Wade, estaban embarazadas y evaluaban si seguir con el embarazo o abortar— la única voz que resultó inquietante para muchas mujeres fue la de Amy, de once años, una de las dos niñas aludidas en el libro y citada con cierta extensión. Quizá fue la voz de Amy que persistía en mi mente, junto con la toma de conciencia de que, aun cuando se me hubiera enseñado a escuchar su razonamiento moral como «ingenuo» y «flojito», lo que ella decía tenía sentido; o tal vez fuera sencillamente que yo acababa de terminar un libro y que, cuando la recién nombrada directora de un colegio puramente femenino se me acercó con la petición de que estudiara a las niñas porque nunca había dado con un estudio acerca de su desarrollo, además de haber reunido los fondos que luego irían en apoyo de mis estudiantes de posgrado, pensé: «¿Por qué no?». Lo que recuerdo ahora de esa época es que acudí al colegio a hablar con las estudiantes acerca de mi estudio y que una de las niñas levantó la mano y me preguntó: «¿Y qué podría usted descubrir al estudiarnos a nosotras?».

Tal y como resultaron las cosas, los estudios con niñas que dieron comienzo en el colegio Emma Willard a principios de los ochenta y continuaron durante un periodo de diez años en un amplio rango de colegios públicos y particulares, de niñas y mixtos, además de en entornos extraescolares, terminaron siendo el trabajo más profundamente esclarecedor que he realizado hasta la fecha.[8] Y también para mí eso fue una sorpresa. Al escuchar a las niñas en sus años previos a la adolescencia, escuché una voz que yo conocía y había olvidado, una voz que me sonaba a la vez familiar y sorprendente, lo que asimismo me llevó a darme cuenta de que, en cierto momento del desarrollo, se nos presiona para que reescribamos nuestra propia historia: para contar una historia que no es del todo la nuestra, para sustituir una voz por otra que entonces le sirve de tapadera.

Al estudiar a las niñas me convertí en testigo de esa disociación: de un «no saber» que era grabado por la cultura y socialmente impuesto. Lo que yo había aprendido a considerar como las etapas de una progresión evolutiva —la separación de razón y emoción, de mente y cuerpo, del yo y las relaciones—, esas piedras angulares en el camino a la racionalidad, la autonomía y la madurez, eran lo que apuntalaba este «no saber» en su sitio. Pues si no podemos pensar en lo que estamos sintiendo, si nuestra mente no registra lo que está ocurriendo en nuestro cuerpo y si nuestro yo se transforma en algo como una fortaleza inexpugnable, defendida y delimitada en lugar de abierta y comprometida en relaciones, entonces no podemos saber lo que de otro modo sabríamos. Porque es solo cuando nuestros pensamientos y emociones están conectados, cuando nuestra mente y cuerpo están fundidos y cuando vivimos en relación con otros, en lugar de lejos de ellos, cuando podemos darle sentido al universo humano.

Las niñas y niños sanos se resisten a perder su mente encarnada en un cuerpo, su inteligencia emocional y su yo relacional. Pero esta sana resistencia los hace entrar en conflicto con una cultura que valora la escisión y que ha consagrado el binarismo y la jerarquía de género como la forma en que son las cosas y la forma en que las cosas *tienen* que ser. Es decir, que una sana resistencia hace que los niños entren en conflicto con la cultura del patriarcado, en la que aparentemente las mujeres pierden su voz y los hombres aparecen emocionalmente desorientados, ante lo que todo el mundo se encoge de hombros en lugar de preguntarse: ¿qué le ha sucedido a este ser humano?

Al seguir el desarrollo de las niñas durante los años de la infancia media hasta la adolescencia, vi una sana resistencia a perder la voz y el vincularse se volvía una forma de resistencia política, con las niñas que pedían «La verdad al poder». Piénsese en Greta y en Darnella o, para el caso, en Claudette Colvin, quien a sus quince años exigió su derecho constitucional y fue la primera que se rehusó a ceder el asiento a una mujer blanca en un autobús atestado y segregado en la localidad de Montgomery, Alabama. Colvin fue arrestada en 1955, nueve meses antes de que Rosa Parks se negara a trasladarse a la parte trasera del autobús, convirtiéndose en el ícono de la resistencia a la segregación en los autobuses.[9]

También vi que la resistencia política de las niñas o su opción de decir la verdad cae bajo presión y puede quedar encubierta o volverse lo que los psicoterapeutas designan como resistencia psicológica: una renuencia a saber lo que uno sabe. Fui testigo del caso de niñas que empiezan a no saber lo que sabían y a tapar la voz de su experiencia con otra que tiene más autoridad en el universo que las rodea. Y vi cómo, al hacerlo, obtenían credibilidad a los ojos del mundo, aunque a un costo a la vez psicológico y político.

Cuando el proyecto de un decenio llamado Proyecto Harvard, que relacionaba la psicología de las mujeres con el desarrollo de las niñas, se amplió para incluir un estudio con los niños y sus padres, Judy Chu se concentró en la etapa en que los chicos empiezan a ir al colegio y se enfrentan a presiones para consolidarse como «verdaderos niños» o como una parte de los niños. Es la etapa en que los niños se convierten en niños, según reza el título del libro de Chu, *When Boys Become Boys* [*Cuando los chicos se convierten en chicos*], publicado en 2014. Al hacer el seguimiento de un grupo de niños de cuatro y cinco años al momento en que pasaban del prekínder al kinder y después al primer año de primaria, Chu vio a niños que eran atentos, articulados, directos y auténticos en sus relaciones entre ellos y con ella, volverse desarticulados, faltos de atención, no auténticos e indirectos entre sí y con ella. Se estaban convirtiendo en «niños» o en lo que se dice a menudo que son los niños. Pero, como advierte Chu, los niños saben más de lo que muestran.[10]

Chu estaba investigando un proceso de iniciación mediante el cual los niños, en su deseo de consolidarse como tales, se ponían una capa de masculinidad. Se disfrazaban tapando aquellos aspectos de sí mismos que podían conducir a que fueran percibidos como no masculinos (es decir, femeninos) o como una mujer (como una chica o como gays), en un universo en el que ser hombre implicaba ser superior. Implicaba ser ganadores, no perdedores, por citar a nuestro anterior presidente.[*]

---

[*] N. del. E.: La autora se refiere a Donald Trump, 45.° presidente de Estados Unidos entre 2017 y 2021.

Estaba apareciendo la imagen de un proceso de iniciación que empieza con los niños pequeños, a grandes rasgos entre los cuatro y siete años, prosigue con las niñas cuando llegan a la adolescencia (aproximadamente entre los once y catorce años) y luego se repite con los chicos en los últimos años de la secundaria, cuando, en palabras de uno de los niños que participó en los estudios de Way, ya «saben cómo ser más hombres».[11] Una iniciación que ordena la disociación y compromete las capacidades relacionales de los niños, una iniciación que deja una cicatriz psicológica.

Esto me lleva entonces a lo que veo como una ventana de oportunidad, una apertura que nos muestra una vía para avanzar. Tres señales puestas recientemente en su sitio nos sugieren una dirección que seguir: la primera, hacia la necesidad de una escucha radical; la segunda, hacia el prisma de resistencia y adaptación; y la tercera, hacia el cuento del traje nuevo del emperador, recordándonos que todos tenemos la capacidad de romper con la disociación y el adoctrinamiento, de ver y decir lo que ocurre ante nuestros ojos. Con estos elementos en mente, volveré al final a las voces y silencios de las mujeres y me ocuparé de lo que ahora me parece más apremiante:

¿cómo podemos llegar a no ver lo que es obvio y no decir o incluso no saber lo que en otro sentido sabemos? ¿Cómo llegamos a traicionar lo que es correcto? Porque, aun cuando las niñas y mujeres han sido el foco de mi atención, el «nosotros» al que me refiero son los seres humanos en general.

ESCUCHA RADICAL

El término *radical* significa «raíz» y la escucha radical es una modalidad de escucha que va a la raíz de lo que se está diciendo y, a la par, de lo que *no* se está diciendo. Especifica una forma de sintonizar con la voz encubierta, con la conversación subyacente a la conversación. El acto de escuchar radicalmente tiene un potencial transformador porque parte de un lugar de no conocimiento y desarrolla el músculo de la curiosidad.

Al igual que la práctica de escuchar a secas, la escucha radical parte por hacer una pregunta verdadera, de algo que uno no sabe y quiere saber. Se basa en sustituir el juicio por la curiosidad. Noten lo que sucede, les suelo decir a mis estudiantes, cuando uno sustituye el juicio por la curiosidad.

Del mismo modo que formular preguntas verdaderas, sustituir el juicio por la curiosidad es más arduo de lo que se supone.[12]

En los primeros días de mi quehacer investigando el desarrollo moral, una mujer a la que me hallaba entrevistando me alertó acerca de la necesidad de una escucha radical. Yo le había presentado uno de los dilemas psicológicos empleados para evaluar el estadio de una persona en su razonamiento moral y le había planteado la pregunta estándar: «¿Qué debería hacer Heinz?». Según recuerdo, la mujer era aproximadamente de mi edad y vaciló, mirándome fijamente. «¿Quiere usted saber lo que pienso?», preguntó. «¿O quiere saber lo que de verdad pienso?».

Fuera lo que fuese lo que la impulsó a hacerme esa pregunta, lo que me estaba diciendo era que había aprendido a reflexionar en torno a la moral de una forma que difería de cómo verdaderamente pensaba. Es más, era consciente de esa diferencia. Podía decirme lo que pensaba de la moral o bien podía decirme lo que verdaderamente pensaba, dependiendo de lo que yo quisiera saber. Me estaba enseñando algo acerca de la iniciación y la resistencia. Pero estaba a la vez reorientándome hacia una práctica radical del acto de escuchar, en la que se escucha a la vez una voz iniciada y una voz que se resiste a la iniciación: la voz de lo que verdaderamente pienso.

Es un cambio de voz, y un cambio del corazón. Este fue el cambio al que vería resistirse a algunas niñas, reacias a silenciar la voz que decía lo que «verdaderamente» pensaban o sentían. Renuentes a tapar la voz que daba voz a su experiencia con otra que decía lo que los otros querían escuchar o esperaban que ellas dijeran, o lo que pensaban que ellas debían pensar y sentir, y decir y saber, incluidas la moral y lo relativo a ellas mismas.

«¿Qué dice la gente de ti?». Junto a mis colegas había organizado después de clases un club semanal de teatro, escritura y excursiones para las niñas.[13] Comenzamos con niñas de nueve y diez años, un momento en que su voz tiende a ser fuerte, en que la mayoría del tiempo las niñas son francas y, en presencia de alguien que escuche, dirán lo que sienten y piensan. El club extraescolar era parte de un estudio de tres años sobre el desarrollo individual y un proyecto de intervención diseñado para fortalecer la sana resistencia y la valentía de las niñas. En el último año del proyecto, cuando las niñas estaban cumpliendo doce y trece años, ellas insistieron, para decepción mía y de mis colegas, en organizar un concurso de belleza. Aun así, al haber acordado que nos turnaríamos con ellas la elección de nuestras actividades, sentimos que no podíamos negarnos. Recuerdo haber observado a una niña tras otra desfilar por el auditorio del colegio donde nos reunimos ese día. «¿Qué dice la gente de ti?», le preguntaba otra de las niñas a cada una. La atención de las niñas estaba dirigida al exterior: a lo que la gente decía de ellas, a cómo se veían en los ojos de otros. Estaban siendo iniciadas en lo que necesitarían saber para vivir como mujeres en una sociedad que estaba en transición, aun cuando todavía fuera ostensiblemente patriarcal.

Al entrevistar en esta ocasión a las niñas, me sorprendí haciendo preguntas que me habían enseñado a no hacer jamás; preguntas que serían consideradas «inductivas». Pese a lo cual, mis interrogantes resultaron claves para un proceso de descubrimiento que estaba desarrollándose ante mis ojos. «¿Es cierto eso?», le pregunté a una niña cuando dijo algo que me pareció fútil, una repetición irreflexiva de alguna banalidad cultural o un estereotipo. «¿Verdaderamente te sientes así?», le pregunté a una chica de dieciséis años que había dicho no gustarse lo suficiente para cuidar de sí

misma. En respuesta, me explicó cómo cuidaba
«verdaderamente» de sí misma: sin decir nunca lo
que verdaderamente sentía y pensaba. «Brillante,
¿no?», preguntó y yo me mostré de acuerdo. Era
una estrategia brillante, con la que podía desestimar lo que cualquiera pudiera decir de ella, sa-
biendo que ese alguien no tenía idea de quién era
ella. Pero eso era al costo de lo que ella misma
había dicho que anhelaba, esto es, honestidad en
sus relaciones. En esencia, se estaba cuidando a sí
misma al costo de traicionarse.

«¿Crees eso de verdad?», pregunté cuando una
niña dijo algo que me impactó como banal o es-
trafalario. Y fue quizá mi empleo del término «de
verdad» o sencillamente mi cuestionamiento de
una cultura que había sido tomada como inamo-
vible, o que tal vez mis preguntas transmitían el
hecho de que yo estaba, en efecto, escuchando
lo que ella decía e interesada en lo que verdaderamente pensaba o sabía, pero en respuesta a tal
pregunta yo escuchaba un cambio en la voz de
la chica a un registro más bajo o, en tono cons-
pirativo, me contaba cómo se sentía en realidad,
cómo cuidaba de veras de sí misma o lo que en
su interior sabía, de acuerdo a su experiencia, que
era lo verdadero. Quedé asombrada. Esto fue todo

lo que se requirió para traspasar un proceso de iniciación que había conducido a que una voz tapara a la otra: la voz de lo que pienso tapando la voz de lo que realmente pienso. Escuchar radicalmente significa escuchar la voz que está debajo, sintonizando el propio oído con la conversación que subyace a la conversación: eso que permanece no dicho hasta que alguien hace la pregunta o cuestiona la cultura que ha conducido a cierta voz al silencio.

«Si soy sincera», escribe Ana Frank hacia el final de la que resulta ser la última entrada en su diario. «Si soy sincera de verdad, te confieso...». Durante años he utilizado esta entrada del diario como texto habitual cuando doy clases en talleres o cursos sobre la guía para escuchar. Pero solo en los últimos años, a medida que he pensado más en el acto de la escucha radical, he prestado atención de verdad a lo que Ana estaba diciendo. «Si soy sincera de verdad, te confieso...». Yo ya había comenzado a rastrear el uso por la gente de expresiones como «en verdad» o «en realidad», descubriendo que pueden ser indicativas de un cambio desde una voz iniciada (una voz constreñida por el binarismo y la jerarquía de géneros) hacia una voz no iniciada o salvaje: la voz que dice lo que siento y pienso. Al tomar en serio lo que Ana Frank decía, vi que tras la frase en que hablaba de ser sincera estaba replanteando lo que inicialmente había presentado como el problema.

Ana inicia la entrada de su diario fechada el 1 de agosto de 1944 repitiendo lo que la gente ha dicho acerca de ella: se la ha calificado de «manojo de contradicciones» y cree que el rótulo le cuadra. Está asediada por contradicciones externas y a la vez internas. Y, aun así, si ha de ser bien honesta, debe admitir que, más que el problema de una contradicción (externa e interior), el problema al que se enfrenta es de relación. No logra ver forma alguna de convertirse en lo que «de verdad me gustaría ser y como podría ser» y al mismo tiempo convivir con otra gente en el mundo. El *impasse* relacional que escuché describir a una niña tras otra es aquí nombrado por Ana Frank. Lo que a ojos del mundo constituía un problema propio («manojo de contradicciones») era, en verdad, un problema aparentemente insoluble de relación. Ana no lograba ver forma alguna de ser ella misma y estar a la vez con otra gente, dado el mundo en que estaba viviendo.[14]

EL PRISMA DE LA RESISTENCIA Y LA ADAPTACIÓN

En un artículo publicado en *Child Development Perspectives* en el invierno de 2021, Leoandra Onnie Rogers y Niobe Way observan que es imposible seguir hablando del desarrollo infantil sin referirlo a un contexto ideológico y como respuesta a este. Esto significa ver el desarrollo de los niños de ambos sexos a través del prisma de la resistencia y la adaptación. «Cada faceta del desarrollo infantil —desde la cognición a las relaciones— es modelada por ideologías de nivel macro (por ejemplo, las de la supremacía blanca o el patriarcado) que reflejan las jerarquías sociales y las estructuras de poder imbricadas en la sociedad». En vez de centrarse en la adaptación, es preciso «desviar la atención dentro del campo desde una intención de "recomponer" a los individuos y los microsistemas, para reorientarla hacia la disrupción de las macroideologías que los modelan». Por ende, Rogers y Way basan su enfoque en el estudio de la resistencia y la adaptación a tales ideologías, un estudio revelador de que «como humanos, tenemos la capacidad natural de resistir a lo que se interpone en el camino de nuestra capacidad de sobrevivir y florecer».[15]

Sin embargo, a la vez sabemos que la resistencia tiene sus costos. En *No nacemos sumisas, devenimos*,[16] Manon Garcia desafía la visión de que o bien las mujeres son sumisas por naturaleza o carecen de una competencia moral.[17] En lugar de ello, escribe, la sumisión de las mujeres puede estar reflejando una sagaz evaluación por su parte de los costos de la libertad. En vez de significar algo relacionado con su naturaleza esencial o un fallo en su facultad moral, la sumisión de una mujer a los constreñimientos del orden patriarcal puede ser reflejo de un perspicaz análisis de costo-beneficio de su parte en relación al precio que deberá pagar por su libertad.

Baste recordar cómo Elizabeth Warren, vista alguna vez como la mujer por la que las mujeres votarían (en oposición a Hillary Clinton), cuando postuló de verdad a la presidencia fue descrita precisamente en los mismos términos poco halagüeños que habían servido para denigrar a Clinton. Tal y como resultaron las cosas, Warren tampoco era la persona adecuada para postular a presidenta, lo cual conduce a la sospecha de que ninguna mujer que se postule actualmente a la presidencia sería la persona adecuada para esa posición.

EL CUENTO DEL TRAJE NUEVO DEL EMPERADOR

En una ponencia presentada en noviembre de 2020 en el congreso titulado *Patriarchy and Its Discontents: The Fierce Urgency of Now* [*El patriarcado y sus descontentos: la feroz urgencia del ahora*], auspiciado por el Instituto William Alanson White, Naomi Snider aborda la cuestión de las máscaras y el desenmascaramiento.[18] En su presentación, titulada «Unmasking Psychoanalysis: An Emperor, a Boy, and the Search for New Clothes» [«Desenmascarando al psicoanálisis: un emperador, un niño y la búsqueda de un nuevo traje»], Snider, que es de raza blanca, parte con una cita de Beverly Stout, la psicoanalista negra, en torno al tema del racismo. Stout ya había diagnosticado la negligencia del psicoanálisis frente al racismo estadounidense, no como un punto ciego del propio psicoanálisis —porque era algo que sencillamente estaba ahí, a plena luz del día—, sino como una forma de «agnosia racial», noción derivada del término «agnosia visual», una discapacidad para reconocer objetos visuales presentes. La agnosia racial, decía Stout, es «una defensa para no ver lo que es obvio».

Y había un trecho muy corto, descubrió Snider, entre la agnosia racial y el cuento aquel de «un emperador voluntariosamente distraído, un niño que se atreve a decir lo que ve... y mi propia búsqueda de un nuevo conjunto de ropajes analíticos».

Snider, antigua estudiante mía, coautora conmigo de *Why Does Patriarchy Persist?*[19] [*¿Por qué persiste el patriarcado?*] y abogada de derechos humanos que luego derivó a psicoanalista, nos recuerda el cuento sobre un emperador que planeaba celebrar para su cumpleaños un gran desfile en que toda la gente de la ciudad se reuniría a celebrar su propia majestad. Para ello empleó a dos sastres que le prometieron un traje tan espléndido y maravilloso que solo las personas elevadas y buenas de la sociedad serían capaces de verlo. El traje, decían ellos, sería por completo invisible a todo el que fuera necio, incompetente o indigno. Y el día de la celebración, cuando el emperador caminaba por la calle, los súbditos se aglutinaron a contemplar embelesados su maravilloso traje. Nadie había visto nunca tal esplendor, exclamaban los habitantes de la ciudad. Es decir, todos excepto un niño pequeño, que miró lo que había ante sus ojos y sencillamente dijo lo que veía. «El emperador está desnudo», exclamó.

Snider reflexiona al respecto:

Yo misma —quién sabe si como muchos otros que han convergido al campo psicoanalítico— me he sentido en múltiples ocasiones como el niño de esta historia: capaz de ver lo que otros no van a admitir. Tal vez por eso conservo en mi memoria este cuento, una suerte de parábola de los costos que sobrevienen cuando uno dice lo que piensa. Porque, en mi recuerdo, la revelación del niño no trajo consigo nada bueno: el emperador quedó avergonzado y el chico fue ignorado, ridiculizado y escarnecido. El mundo se hubiera sentido más feliz si el chico simplemente se hubiera callado. De este modo, visto que muchas veces me he sentido como el niño del cuento, he aprendido asimismo a hacer como la gente de la ciudad: a ver lo que se supone que debo ver, a decir lo que otros quieren que diga y a mantener la boca más bien cerrada.

En años posteriores, cuando conocí el término «patriarcado», el cuento adquirió un significado más profundo y político. El cuento de un emperador desnudo que se cubre con las apariencias de un traje y de su pretendida grandeza se transformó en una metáfora del embuste vacío que afirma la superioridad masculina y del cual dependen la autoridad patriarcal y la complicidad ciega que la sustenta.

Todo muy bien hasta aquí, pero así no es como termina el cuento. Es más, tal y como Snider lo ve, «en la figura del niño pequeño que dice simplemente lo que ve, Andersen logra aprehender —como han hechos tantos creadores— la sabiduría consustancial de los niños y, con ello, su habilidad de perforar el velo de la masculinidad patriarcal y la feminidad y desafiar la autoridad del gran patriarca que es el padre, así como su argumento de estar en posesión de un saber privilegiado».

Alude aquí al saber relacional de Jake, un niño de cuatro años que le dice a su madre: «Tu voz suena alegre, pero también escucho una voz un poco preocupada»; o al de Dan, quien recuerda que, cuando era más pequeño, él y su madre eran amigos. Rememorando las tardes que pasaban en la cocina mientras horneaban juntos, el propio Dan señala: «Vi la cara detrás de su cara y estaba enojada». Dan sabía que su madre no quería que la gente viera lo que él vio.

Esta voz tan perspicaz y honesta en lo emocional es la voz del niño de cinco años que le pregunta a su madre: «Mamá, ¿por qué sonríes si estás triste?», o la voz del niño de cinco años que le dice a su padre: «Tienes miedo de que, si me pegas, cuando yo crezca les pegue a mis hijos», o la voz de Elise, de once años, que en una conversación acerca de si es bueno mentir dice: «Mi casa está empapelada de mentiras». Como el chico en el cuento de Andersen, estos niños dan voz a aquello que a las ciencias humanas les ha tomado siglos reconocer: el universo humano es mucho más transparente de lo que normalmente se cree. En resumen, aprendemos a *no* ver lo que está justo frente a nosotros, a *no* saber lo que en otro sentido es obvio.

En todo el espectro de las ciencias humanas, hay un consenso creciente respecto a que la empatía es una capacidad milenaria; venimos a este mundo equipados con neuronas espejo. Sarah Blaffer Hrdy dirige nuestra atención hacia «los orígenes evolutivos de la comprensión mutua» al subrayar el largo intervalo que hay, para los humanos, entre el nacimiento y la madurez reproductiva. La evolución seleccionó la «empatía, la lectura del pensamiento y la cooperación» puesto que la capacidad de comprometerse con otros y elicitar* el acto de cuidado era esencial para nuestra supervivencia como especie.[20]

---

* N. del T.: Término (*elicit*) acuñado dentro de la psicología general, equivalente a *manifestar*, *realizar*, *poner en juego* una determinada conducta.

En años recientes, se ha hecho cada vez más evidente que la «voz diferente», que sonaba «femenina» porque fusionaba razón y emoción, mente y cuerpo y el yo y sus relaciones, es, en efecto, una voz humana: en los términos de la poeta Louise Glück, una voz salvaje, una voz no iniciada. Al contrario de lo que recuerda Snider, el niño pequeño del cuento de Andersen no está, de hecho, silenciado ni avergonzado cuando saca la voz sin tapujos. Es cierto que su padre desestima su resistencia como «un parloteo inocente» (haciendo, como observa Snider, lo que muchos padres hacen para proteger a sus hijos de la censura que temen que sobrevendrá tras cualquier forma de resistencia), pero la gente de la ciudad escucha y empieza a murmurar que, en efecto, «el emperador está desnudo».

Volvamos a Greta y Darnella, dos chicas adolescentes cuyas voces de resistencia fueron oídas y respondidas, cuya protesta tuvo un efecto enorme.

Yo lo entiendo así. Desde el punto de vista del desarrollo individual, es una ventaja que las niñas sean de menor interés que los niños para un orden patriarcal. Si una niña pequeña va a clases con pantalones, nadie se escandaliza, pero si un niño llega con vestido, hay que enviarles una carta a los padres. Entre los cuatro y siete años, los niños están aprendiendo a conocer cómo es el mundo; en la adolescencia, los niños han desarrollado la capacidad de reflexionar sobre el acto de reflexionar y de diferenciar entre cómo son las cosas y cómo se *dice* que son. Al oír a las niñas en la cúspide de la adolescencia narrar sus experiencias de paso a la adultez, mis colegas y yo escuchamos no una escisión entre apariencia y realidad, sino entre la experiencia y lo que se ha construido socialmente como realidad. De ahí las presiones que se ejercen sobre las niñas para que silencien la voz de la experiencia y no desafíen el *statu quo*.

Dentro de un orden patriarcal, la voz de una mujer se torna disruptiva, precisamente porque es puesta en posición de ver lo que no puede ser visto (la vulnerabilidad o desnudez de los hombres) y decir lo que no se puede decir si las cosas han de continuar de la manera que han sido hasta entonces. Piénsese en el #MeToo. Como le gusta decir a Naomi Snider, si la voz de las mujeres no fuese amenazante, no habría necesidad de silenciarlas.

Lo cual me lleva a la traición de lo que es correcto. Me parece impactante que tanto Greta Thunberg como Darnella Frazier hablen de lo que es correcto. «No era correcto», dice Frazier cuando se le pide que explique por qué filmó el asesinato de George Floyd. «Está todo mal», dice Greta Thunberg. «Yo no debería estar parada aquí. Debería estar de vuelta en mi colegio al otro lado del océano. Aun así, ustedes vienen a nosotros, los jóvenes, en busca de esperanza. ¿Cómo se atreven? Me han robado mis sueños y mi infancia con sus palabras vacías». Greta, que se atreve a decir lo que los adultos se niegan a reconocer, desnuda esa negativa de ellos como una traición relacional. «¿Cómo se atreven?». En una entrevista reciente, explicaba que «lo grande de la juventud es que no está ciega a causa de la *realpolitik* o la adopción de ningún compromiso». Su propio Asperger, dice, es su superpoder, porque la aísla de las voces y presiones que podrían, de otro modo, llevarla a olvidar lo que sabe.[21]

«Tu silencio no te protegerá», advertía Audre Lorde en los años ochenta.[22]

Greta Thunberg y Darnella Frazier lo sabían. La claridad de sus voces es ineludible, insistiendo en que veamos lo que está ocurriendo y que no está bien y que actuemos en consecuencia. Él estaba sufriendo, le dolía, eso no está bien. Si a ustedes no les importa mi futuro, ¿por qué debieran importarme ustedes?

De mis estudios realizados con niñas y los que siguieron luego con niños, aprendí a formular nuevas preguntas sobre el desarrollo individual. También aprendí a escuchar de manera diferente a los adultos. ¿Dónde queda la voz emocionalmente inteligente del niño de cuatro o cinco años? ¿Qué se necesitaría para escuchar la voz aún honesta y perceptiva de la niña de diez u once años?

Hacia el final del Proyecto Harvard me uní a una colega, Terrence Real, terapeuta familiar y de pareja muy experimentada, en un proyecto diseñado para responder a estas preguntas. Me había pasado más de diez años escuchando a niñas y mujeres, sus voces y también sus silencios; entonces escuché las voces de niños pequeños y de sus padres. En esa época, mi oído se sintonizó para captar la diferencia entre la voz real de los niños previamente a su iniciación en los códigos y guiones de género con los que estamos todos familiarizados, esos en que los hombres son fuertes y las mujeres, altruistas, en que los hombres tienen un yo y las mujeres, relaciones. Es decir, antes de que una voz que es emocionalmente abierta empiece a sonarle «pueril» a los niños, y de que una voz honesta llegue a ser escuchada por las niñas como «estúpida» o «loca».

El estudio con Real fue restringido, pero nunca olvidaré la experiencia en sí. A cambio de participar en nuestro estudio, Terry y yo vimos a hombres y mujeres que habían llegado a un *impasse* en sus relaciones entre sí. Terry escuchaba los residuos de traumas: las formas en que el pasado moldea el presente y bloquea la capacidad de amar y ser amada de las personas. Yo tenía una pregunta distinta: ¿qué pasaría si escuchaba las voces actuales, no las recordadas, sino las voces reales de niños de cuatro años y niñas de once? ¿Mostrarían estas voces una senda conducente a salir del *impasse*? ¿Era el *impasse*, en parte, un residuo de la iniciación? Para mi sorpresa, descubrí que estas voces de los niños en los años previos a la iniciación, no constreñidas por los códigos de género del patriarcado, eran asequibles a los adultos. Todo lo que debía hacer era cuestionar la cultura que las había llevado al silencio.

¿Quiere saber lo que pienso o saber lo que de verdad pienso? ¿Quieres oír cómo me siento u oír cómo en realidad me siento? Si soy sincera... ¿Es cierto eso? ¿Verdaderamente te sientes así? ¿Crees eso de verdad?

Así pues, al final, mi historia no es sobre las mujeres; es sobre lo que significa ser humano. Pero en las voces de las niñas había una clave, dada su habilidad para narrar a la vez su resistencia y su adaptación a una iniciación que las conduciría a internalizar las ideologías de la supremacía y el patriarcado blancos, que las haría silenciar la voz que decía lo que verdaderamente sentían y pensaban y anhelaban y sabían, y las llevaría a tapar esa voz con una voz que fuera fácilmente tomada como *su* voz. La mayor sorpresa de mi estudio ha sido el hallazgo de cuánto sabe la gente y cuán accesible es la voz encubierta una vez que se cuestiona a la encubridora.

Mi ejemplo preferido de todas las épocas, puesto que me tomó completamente por sorpresa, proviene del estudio de parejas en crisis. Phil y Sonya (he cambiado los nombres) eran líderes en su parroquia de signo progresista, defensores de los derechos de la mujer. Habían llegado a un *impasse* en su matrimonio porque Sonya no respondía a la pregunta de Phil: ¿estaba acostándose con ese muchacho (un colega de su trabajo)?

¿Por qué preguntárselo si conoces la respuesta?, planteé yo, pero eso no me llevó muy lejos. En su lugar, según me explicó Phil, «es la peor pesadilla imaginable: ella en brazos de otro hombre».

No es que yo desconozca la cultura en que esta es la peor pesadilla imaginable y, a su vez, una justificación para la violencia. Conozco la guerra de Troya; sé que, en la memoria viva de la sociedad estadounidense, un hombre que sorprendía a su mujer con un amante, *in flagrante delicto* como se dice, podía matarlos a los dos con relativa impunidad, esto es, sufriendo solo muy atenuadas consecuencias legales.

Aun así, se me ocurren peores pesadillas que esa. Así que fue una pregunta real por mi parte cuando le dije a Phil: «¿Por qué esa es la peor pesadilla imaginable?».

Fue su respuesta la que me dejó boquiabierta, puesto que nada de lo que había leído sobre los hombres y la masculinidad, o la voz y las relaciones, me había preparado para lo que vino.

En respuesta a mi interrogante, Phil realizó lo que en términos psicológicos sería un completo viraje en U, diciendo: «En realidad, para mí la peor pesadilla imaginable» (¿oyen ustedes la expresión «En realidad»?) «es no ser capaz nunca de mostrarle lo que verdaderamente siento» (ahí está de nuevo), «de ser un hombre de familia y abrir mi corazón y sencillamente amarla».[23]

Aprendí a escuchar esta voz encubierta. Descubrí que cobra impulso con las palabras «verdaderamente» y «realmente», y la frase «Para ser honesto». A menudo suena diferente, a un tiempo familiar y sorprendente: esta voz que reconocemos como humana. Puede que, para escucharla, necesiten ustedes cuestionar la voz encubridora, la voz patriarcal, que es, de hecho, adaptativa. Esto implica conocer la cultura, sus macroideologías y sus efectos en la psicología; significa mirar a través de los prismas de la resistencia y la adaptación y recordar el cuento sobre el traje nuevo del emperador.

Recordar al niño pequeño que no ha aprendido aún a *no ver* lo que es correcto y está ante sus ojos y que dice lo que ve: el emperador está desnudo. Entonces, como un espolón que nos impulsa a hacer algo para preservar el futuro, recordar las voces de niñas adolescentes que ven lo que está sucediendo y dicen que eso no está bien. Y enseguida pensar en la gente de la ciudad que murmura su acuerdo, porque para ella hay algo que ahora se ha hecho evidente: el emperador está desnudo, la tierra está ardiendo, un hombre está siendo asesinado.

2
POR QUÉ NADIE HABLA DE LA DECISIÓN DE ABORTAR

El estudio sobre la decisión de abortar fue la parte esencial, el corazón de todo el asunto. El hecho de escuchar a mujeres que, en los efectos inmediatos del caso Roe versus Wade, estaban decidiendo si continuar con su embarazo o ponerle término, me llevó a prestar atención a una forma diferente de hablar acerca del yo y la moral. Descubrí qué preguntas debía formular para conseguir sonsacar lo que de otro modo quedaba no dicho: la conversación subyacente a la conversación. El estudio en torno a la decisión de abortar fue el origen y lo que dio ímpetu al texto acerca de una voz diferente y el gatillador de mis reflexiones sobre la ética del cuidado. Y, con todo, casi nunca se habla de ello, ni en debates sobre *En una voz diferente*, ni en libros y conferencias sobre la ética del cuidado.

Como preludio a esa conversación, he aquí tres puntos claves.

Primero, el contexto político. En 1973, la Corte Suprema de Estados Unidos reconoció en Roe versus Wade el derecho constitucional de la mujer a tener voz en esa decisión, con ciertas restricciones y en consulta con su médico, pero así y todo, una voz decisiva y el derecho a elegir. Con ello, la autoridad de la Corte se enfrentó a otras autoridades, como las iglesias o los padres, de modo que las propias autoridades entraron en conflicto. Pero, al legitimar la voz de la mujer y su derecho a tomar esa decisión, la Corte estaba, a su vez, contrarrestando una tradición de larga data que equiparaba la bondad de las mujeres con su condición altruista. Es la moral de «El ángel de la casa», el ícono del poema decimonónico escrito por Coventry Patmore e inmortalizado por Virginia Woolf: la mujer infinitamente cariñosa y «absolutamente desinteresada», que «nunca tuvo una mente o deseo propios».[1]

Segundo, el contexto psicológico. Kohlberg derivó sus seis estadios del desarrollo moral a partir de su estudio longitudinal de setenta y dos chicos blancos de diversos estratos sociales, a quienes hizo el seguimiento desde su adolescencia hasta la adultez.[2] Los estadios eran, en términos de Kohlberg, estadios del razonamiento moral dentro de un paradigma en que, tal y como lo planteaba Sócrates, existe solo una virtud humana, que se llama justicia. Kohlberg se refería a sus estadios como estadios de razonamiento en torno a la justicia, y dichos estadios morales se alineaban con los estadios de Piaget del desarrollo cognitivo (a los que, de hecho, eran contingentes), que trazaban el paso desde el pensamiento concreto al de las operaciones formales. Los estadios de Kohlberg del desarrollo moral discurrían, a su vez, en paralelo a las teorías sobre el desarrollo del yo o la identidad individual en sus varios estadios, como parte de un paradigma que nunca había sido cuestionado y en el que, como hacía notar yo misma en la frase de inicio de mi ensayo de 1977: «El arco de la teoría del desarrollo individual va desde la dependencia infantil hasta la autonomía adulta, trazando una senda caracterizada por una diferenciación creciente del yo respecto al otro y una progresiva liberación que el pensamiento vive de sus constreñimientos contextuales»; una senda marcada por varios pasos hacia la autonomía y la racionalidad, vistas como los hitos distintivos de la madurez.[3] Al centrarse en la separación, los teóricos del desarrollo psicológico pasaron por alto la realidad de la interdependencia, fallando en reconocer lo que para Martin Luther King era evidente: «Estamos atrapados en una red ineludible de mutualismo, uncidos dentro de una sola prenda que es nuestro destino. Lo que afecta de manera directa a uno, afecta indirectamente a todos»; o como John Donne lo entendió siglos antes de que el cambio climático lo hiciera patente: «Ningún hombre es una isla, suficiente por sí misma».[4]

Y tercero, con este telón de fondo político y psicológico en mente, el estudio sobre la decisión de abortar y la ética del cuidado. Mi estudio es una instantánea de un momento histórico determinado. Al afirmar el derecho de una mujer a tener una voz y hacer una elección, la Corte Suprema pavimentó en el caso de Roe el camino para que una mujer cuestionase las prohibiciones internas que pudieran haberla apartado de escucharse a sí misma así como a otras mujeres, o de hablar no solo por esas otras sino por sí misma. Si la Corte ya no la estaba silenciando, ¿por qué seguía haciéndolo ella misma?

Inicié el capítulo 3 de *En una voz diferente*, «Conceptos del yo y la moral», con citas de entrevistas realizadas a mujeres universitarias, estudiantes de

Harvard —o de Radcliffe, como se las denominaba entonces— que se habían inscrito en el curso de 1971 de Lawrence Kohlberg sobre la moral y la elección política. El tema más destacado en las respuestas de tales mujeres a preguntas como «Si tuviera que decir qué significa la moral para usted, ¿cómo lo resumiría?», era una preocupación por la posibilidad de herir, un deseo de no herir a otros y la esperanza de que en la moral hubiese una forma de resolver conflictos de manera que nadie saliera herido. Una segunda nota que vibraba en la voz de esas mujeres era una sensación de vulnerabilidad que les impedía adoptar una posición, lo que George Eliot había caracterizado como la «susceptibilidad» de la niña a los juicios adversos de otros, derivada de su falta de poder e incapacidad subsecuente de «hacer algo en el mundo».[5]

Sin embargo, con el caso de Roe versus Wade los parámetros cambiaron. Ahora las mujeres tenían el poder de elegir y el estudio sobre la decisión de abortar absorbió las ramificaciones de este cambio. Esta es, a su vez, la razón por la que desde un principio el fallo de la Corte dio pie a una batalla política, al punto de que a estas alturas ha sido revertido.

Para mí estaba claro que el hecho de anclar desde un comienzo mi análisis de la ética del cuidado al estudio sobre la decisión de abortar me había llevado a una comprensión del cuidado y de la ética del cuidado que entraba en conflicto con la moral del «ángel de la casa», puesto que, de todas las cosas que se puede imaginar que hace ese ángel, el aborto no es una de ellas. En su lugar:

Cuando una mujer considera si ha de continuar con un embarazo o abortar, se enfrenta a una decisión que afecta tanto al yo como a un tercero e involucra directamente el tema moral clave de causar daño. Puesto que la elección es, en última instancia, suya, y, por ende, la mujer es responsable de ella, el asunto plantea precisamente una de esas instancias de juicio que han resultado siempre las más problemáticas para las mujeres. Esta vez se le está preguntando si desea interrumpir el curso de la vida que, durante siglos, la ha mantenido inmersa en la pasividad de la dependencia, a la vez que le ha impuesto a ella la responsabilidad del cuidado. Así, la decisión de abortar nos lleva al núcleo de las aprensiones de una mujer, a lo que Joan Didion describe como «su diferencia irreconciliable: esa sensación de estar viviendo la dimensión más profunda de su vida bajo el agua, ese oscuro involucramiento con la sangre y el nacimiento y la muerte», y con las preguntas adultas acerca de la responsabilidad y la elección.[6]

Aquí los términos clave son: yo y otros, causar daño, vida y muerte, responsabilidad y elección, mujeres y cuidado. Puesto que el estudio sobre la decisión de abortar fue el gatillador que me indujo a reflexionar y escribir sobre la ética del cuidado, mi entendimiento del cuidado no estaba ligado a imágenes idealizadas del propio cuidado o de las mujeres. Al concebirla en este contexto, la ética del cuidado involucraba los temas críticos de la responsabilidad y la elección en situaciones en que el gesto de causar daño era ineludible, y en que estaban en juego los temas de la vida y la muerte. A la pregunta de «¿Se puede ser una buena mujer y tener un aborto?», yo añadía la de «¿Se puede ser una buena mujer y tener una voz?».

Las palabras «egoísta» y «responsable» eran recurrentes en el curso de las entrevistas con mujeres, delineando los parámetros de la elección moral a la que se enfrentaban. Al definir el problema moral como la obligación de ejercer el cuidado y evitar hacer daño, las mujeres empleaban el término «egoísta» para denotar el gesto de infligir daño, considerado inmoral en tanto reflejaba una actitud de indiferencia, mientras que la manifestación del cuidado era percibida como el cumplimiento de la propia responsabilidad moral. Era su empleo reiterado de las palabras «egoísta» y «responsable» al hablar del conflicto y la elección morales lo que situaba a estas mujeres aparte de los hombres a los que Kohlberg había estudiado, apuntando a una concepción diferente de la moral y de lo que la moral implica. A medida que las mujeres se movían dentro de las convenciones de la bondad femenina y luego iban, en el caso de algunas, más allá de esas convenciones para cuestionar la ecuación entre bondad y altruismo, arribaban a una revelación clave: que una mujer se proclamara altruista —en apariencia, sin una voz propia— significaba estar más ausente que presente ante sí misma y los demás. Para mostrar más cuidado que negligencia al decidir si continuaba un embarazo o lo interrumpía, era imperativo que estuviera presente.

A mi entender, esta fue la transformación psicológica que este momento histórico precipitó: el giro político que dio a las mujeres una voz legítima las puso en conflicto con ciertas tradiciones morales que vinculaban la bondad femenina con el silencio femenino. Como nota al margen, aunque volveré luego sobre ello, creo que esta es la razón de que el aborto siga siendo tan polémico, y es que lo que está en juego en el así llamado derecho a decidir es el derecho de la mujer a tener una voz, a hablar por sí misma y así romper el silencio que es tan esencial para preservar el orden patriarcal.

Este punto queda bien ilustrado por el fallo de Texas, que no solo prohibió el aborto pasadas seis semanas del último periodo menstrual de la mujer, sino que fijó para quienquiera que ayudara a una mujer en busca de un aborto más allá de ese plazo una multa de al menos diez mil dólares. Si nos imaginamos a una niña que queda embarazada tras haber sido violada por un desconocido o un miembro de su familia (en cuyo caso se lo denomina incesto), puede ocurrir que ni siquiera lleve la cuenta de su último periodo menstrual; al imponer la ley de Texas una penalidad a todo el que la ayude de cualquier forma a terminar con su embarazo, se tiende a generar en torno a ella un muro de silencio efectivo.

En las entrevistas que realicé a mujeres embarazadas a mediados de los setenta, quedé impactada por el empleo que una de ellas hacía de la palabra «egoísta» para caracterizar lo que fuera que deseaba hacer —ya fuese tener al bebé o practicar un aborto—, mientras que hacer lo que los otros anhelaban que hiciera o lo que creían que debía hacer era «responsable» y «bueno». Me acuerdo de Nina, una mujer de veintitantos años. Su pareja —bien podría haber sido su esposo— era estudiante de Leyes y, como contaba Nina, ella estaba planificando practicar un aborto porque él dependía de su apoyo para terminar la carrera de Leyes. Esto es, él quería que ella abortara. Recuerdo haberle dicho que lo entendía todo, pero que me interesaba saber qué quería hacer ella. Me miró como diciéndome que cómo se me ocurría siquiera plantear esa pregunta. «¿Qué tiene de malo hacer algo por alguien a quien amas?», me respondió subiendo la voz. «Nada», dije, y repetí mi pregunta.

Luego de mucho reiterarse estas partes del diálogo, con la palabra «egoísta» resonando en mis oídos, comencé a preguntarles a las entrevistadas: «Si está bien ser empático con las personas y atender a las necesidades y preocupaciones de la gente, y ya que tú eres una persona, ¿por qué ha de ser egoísta que te atiendas a ti misma?». Y en ese momento histórico, una detrás de otra, cada mujer contestó: «Buena pregunta».

Esa fue mi epifanía al escribir sobre la ética del cuidado. Un cambio político estaba precipitando o sentando las bases para una transformación psicológica. En el núcleo de esta transformación residía una manera de entender el vincularse y la responsabilidad individual que venía a cuestionar la oposición entre egoísmo y altruismo. Dada la interdependencia del yo y los otros, era necesario incluirlos a ambos en el cuadrante del propio cuidado y la preocupación, esto es, no descuidar a ninguno. Puesto que los dilemas morales surgen en situaciones en las que causar daño es ineludible, no hay una solución «correcta» o «buena». Más que buscar justificación, el imperativo moral deviene «un mandato de cuidar, una responsabilidad de discernir y mitigar el "problema real y reconocible" de este mundo».[7]

Al preguntarle a Sharon, una mujer en la treintena, por la forma correcta de hacer una elección moral, ella articulaba este cambio: «La única que conozco es tratar de mantenerse lo más despierta posible, intentar determinar el rango de lo que sientes, tratar de considerar todo lo que está implicado, prestar el máximo de atención a lo que sucede, ser lo más consciente que se pueda de hacia dónde te diriges». Al preguntársele si había principios que la guiaran, explicaba:

> El principio tendría algo que ver con la responsabilidad, la responsabilidad de cuidarse a una misma y a los demás. Pero no es que en un platillo de la balanza elijas ser responsable y en el otro, ser irresponsable. De ambas formas se puede ser responsable. Por eso no hay un único principio al que poder ceñirse y que lo arregle todo. El principio puesto aquí en práctica te dejará igual con algún conflicto.[8]

En sus escritos, cuarenta años después, Sandra Laugier, filósofa de la moral y profesora de la Sorbona, caracteriza este enfoque de la solución de problemas morales como «un paradigma de atención». Explica que «la idea del cuidado hace hincapié en la sensibilidad a situaciones particulares, a texturas cuyas cualidades morales sobresalientes son percibidas con agudeza desde una posición más perceptiva y atenta».[9] Dentro de las convenciones de la teoría de la moral, el razonamiento sobre el cuidado puede sonar evasivo e irracional. Como un estereotipo de la feminidad. Como bien observa Laugier, «la filosofía dominante de la moral hace oídos sordos a la voz diferente y omite así a todo un segmento de la humanidad».[10]

En sus reflexiones contenidas en «What Gender Does to Moral Philosophy» [«Lo que el género le hace a la filosofía de la moral»], Laugier no rehúye la palabra «mujeres». Para ella, la voz diferente «marca, de manera explícita y por primera vez, la necesidad de incorporar las *voces* de las mujeres a la conversación humana habitual». Con esto quiere decir conversaciones acerca de cosas habituales en el sentido que esgrime Wittgenstein, «acotaciones acerca de la historia natural de los seres humanos [...], observaciones de las que nadie ha dudado jamás, pero que han escapado a cualquier acotación porque siempre están ante nuestros ojos».[11]

Laugier no se refiere al estudio sobre la decisión de abortar; es la Amy de once años quien ejemplifica para ella la diferencia en una voz distinta. Con todo, lo que Laugier resalta en su exposición de la «ética de Amy» es una explicación filosófica de lo que Sharon y otras mujeres que participaron en el estudio sobre la decisión de abortar plantean al reflexionar en torno a su elección. En su capítulo incluido en el libro *Thinking with Women Philosophers* [*Reflexionando junto a filósofas*], publicado en

2022, Laugier cita como último aporte de la voz diferente «no solo su promoción de una ética de la atención, sino un punto de partida para una *epistemología* de la ética: la revelación de que la filosofía de la moral —el corazón de la disciplina— ha sido históricamente no solo obra de los hombres, sino que es, en sus conceptos en sí, una forma de pensamiento patriarcal».[12]

Para Laugier, la voz diferente es en sí misma una voz indefectiblemente política pues «la definición misma de la ética en filosofía se alcanza *por medio* de la exclusión de un dominio completo y un grupo de personas [habitualmente mujeres, y a menudo, negras] cuya contribución es esencial para la vida y la supervivencia de la sociedad, y por la negación en masa del trabajo hecho para garantizar el funcionamiento del mundo».

Las perspectivas sobre el cuidado, escribe, «contienen un alegato fundamental sobre la importancia del cuidado para la vida humana y sobre la importancia de la importancia en sí; la importancia de una dimensión no reconocida de la moral. Así pues, la ética del cuidado constituye un desafío radical a la filosofía dominante sobre la moral».[13]

La labor de cuidado, mal remunerada y en su mayor parte subvalorada, se ha visto lastrada por

la atribución de género a ese cuidado, tachándo-
lo de «femenino», así como por su asociación con
mujeres que, al igual que las mujeres en un sentido amplio (aunque estén idealizadas), son mi-
nusvaloradas, notoriamente las mujeres negras.
En rigor, ellas cargan con la mayor parte de esas
labores de cuidado, incluso para gente que se dice
independiente y afirma, por tanto, no necesitar
de cuidados.

Así, las personas que brindan cuidados deben
ser invisibles y hacer su trabajo en silencio. Con
todo, al insistir en hablar sobre las mujeres en una
época en que el término en sí mismo se ha vuelto
sospechoso, Laugier nos recuerda que

es porque las tareas y actividades del cuidado han
recaído tradicionalmente en las mujeres por lo que
el cuidado es, en primer lugar y ante todo, un tema
de las mujeres. Considerar la importancia social,
moral y política del cuidado nos obliga a aludir a
las «mujeres», una de las categorías a la que la labor de cuidado ha sido principalmente asignada, y
preguntarnos: ¿cuál podrá ser la naturaleza de una
conversación democrática que excluye aquello que
la hace materialmente posible?[14]

El estudio sobre la decisión de abortar planteó la necesidad de un cambio radical en el paradigma de la teoría de la moral. La voz diferente modifica la voz presente en la conversación. Viene a desafiar aquello que se ha tomado como fundamental o fundacional —la oposición de egoísmo y altruismo, egoísmo y desinterés— sobre la base de ignorar la fragilidad y la vulnerabilidad y pasar por alto la realidad de la interdependencia. El estudio sobre la decisión de abortar nos convocó a no idealizar ni tampoco denigrar a las mujeres, y más bien a escuchar la voz de las mujeres y ver lo evidente. La labor de cuidado, en gran parte realizada por mujeres, y a menudo por mujeres negras, es esencial para la vida humana.

Sencillamente era más fácil no hablar de eso.

3

ENTRA EVA EN ESCENA

Dicto un curso sobre la escucha y en los años que llevo impartiéndolo suelo partir por Freud: por el caso de Elisabeth von R., de sus *Estudios sobre la histeria*.[1] El relato de Freud de su incursión inicial en el psicoanálisis se ha convertido en algo así como una guía Baedeker para mis estudiantes, una guía a la que pueden ceñirse cuando ellos se embarcan en alguna travesía de indagación psicológica. La precisión de Freud al desplegar su propia senda conducente al descubrimiento sirve de modelo para el modo de proceder al investigar, porque deja un registro de los pasos que dio (también de sus pasos en falso) hasta llegar a entender lo que al principio eran enigmas, como, por ejemplo, por qué sufre Elisabeth de grandes dolores al caminar y por qué, en sus propias palabras, no podía «dar un solo paso adelante»,[2] o por qué, como observa él a lo largo del camino, un «grupo de ideas relacionadas con su amor habían quedado desde ya escindidas de su conocimiento»,[3] y por último, por qué cuando Elisabeth alega no saber qué le está sucediendo, en realidad lo sabe, aun cuando, como Freud hace notar en el caso de la señorita Lucy R., puede que no sepa que lo sabe.[4] Puesto que podemos a la vez saber y no saber lo que sabemos, puesto que el dolor psíquico puede convertirse en dolor físico y encontrar modalidades simbólicas de manifestarse, Freud concluyó que hacía falta un método especial de indagación psicológica. Para descubrir la causa del sufrimiento de sus pacientes, debía tener acceso a lo que sus pacientes sabían: aspectos de su experiencia que habían disociado de sí mismos y que habían quedado fuera de su percepción. Así pues, inventó el psicoanálisis, con su método de asociación libre. Si era capaz de conectar el amor de Elisabeth con su conocimiento, quizá pudiera ayudarla a avanzar.

Además de analizar, al partir el semestre, la historia del caso de Freud, leemos la introducción de Piaget a *La representación del mundo en el niño*: un brillante ensayo sobre el método en el que Piaget identifica las limitaciones tanto de la experimentación como de la observación, ligadas como están a la cosmovisión del experimentador y del observador. Solo empleando un método clínico, explica Piaget, puede uno descubrir no dónde encaja algo en el propio mapa del cosmos, sino cómo concibe la realidad otra persona.[5]

Y, finalmente, leemos a Audre Lorde, por su recordatorio de que «las herramientas del amo nunca desmontarán la casa del amo».[6]

En sus tempranas incursiones en la exploración psicológica, Freud y Piaget apreciaron la necesidad de forjar nuevos métodos: la asociación libre y el interrogatorio clínico o *méthode clinique*. Eran herramientas que podrían desmontar la casa del amo, en parte al revelar lo que las mujeres sabían incluso sobre el amo, así como al exponer la casa del amo como lo que verdaderamente es: una construcción de cierta realidad más que un repositorio de la verdad. Con todo, una vez que Freud y Piaget descubrieron cuán radicales eran estos métodos, ambos recularon, se reinstalaron —es tentador decirlo— en la casa del amo y, de hecho, se convirtieron en el nuevo amo.

En mis muchos años impartiendo el curso sobre el escuchar, primero en Harvard y ahora en la Universidad de Nueva York, he sido testigo de la fuerza de la asociación para deshacer la disociación. Mediante la escucha de voces que habían sido silenciadas o que hablan desde los márgenes, la indagación en la conversación subyacente a la conversación y la observación de cuándo cambia el paradigma, he llegado a cuestionar si buena parte de lo que pasa por ser considerado métodos objetivos incluye formas de mantener en su lugar la casa del amo. En el proceso, he llegado a sospechar que el psicoanálisis, y en alguna medida la psicología en general, han sido en parte cuestionados, por no decir combatidos, debido a que efectivamente brindan herramientas que pueden desmontar la casa del amo. Pese a ello, en tanto en cuanto seguimos viviendo en esa casa, estamos cuando menos inmersos en un conflicto.

Fue, por así decirlo, casualmente y a través de un proceso de asociación que la Eva bíblica entró en mis reflexiones sobre la psicología y la moral y las relaciones entre mujeres y hombres. Estaba escribiendo una novela acerca de una bailarina y, como a veces ocurre al escribir ficción, los personajes aparecen con sus nombres ya incluidos. Mi bailarina surgió con el nombre de Eva y, aunque al principio no le di demasiadas vueltas, luego me pregunté: ¿Eva? ¿Por qué Eva? Y esto, a su vez, me llevó a releer la historia del jardín del Edén.

Yo creía conocer la historia, pero en esas páginas, justo delante de mis ojos, había algo que había pasado por alto: un acto por parte de la primera mujer que ahora modificó mi forma de percibirla y que alteró lo que hasta entonces había creído que era el relato. Después, en la primavera de 2017, supe algo sobre la creación de la mujer que me impactó como absolutamente improbable y, con todo, profundamente verdadero. Se trató de una disrupción a un nivel mucho más hondo.

Partiré por la historia en sí. Adán y Eva están en el jardín del Edén. En rigor, a ella se la denomina «la mujer» hasta que están a un paso de abandonar el jardín, cuando Adán la llama *Chava* o Eva, del hebreo *chaya*, que significa «vida», puesto que, según explica la Biblia, ella es quien traerá la vida. Ella será la madre.

Pero no es ahí donde empieza todo. La historia parte con la serpiente, la «más astuta de todas las bestias que hay en el campo», la cual pregunta a la mujer: «¿Puedes comer de todos los árboles que hay en este jardín?». A lo que ella responde: «Sí, de todos menos del que está en el centro, y si comemos de ese árbol o tocamos sus frutos, moriremos». «No», le dice la serpiente, «no morirán.

Abrirán los ojos y serán como dioses, sabedores de lo que son el bien y el mal».

Concebimos esto como una historia sobre el conocimiento prohibido, sobre la tentación y la transgresión, sobre el hombre y la mujer, sobre la moral. Lo que yo no sabía, lo que literalmente nunca había apreciado o absorbido, es lo que sigue al intercambio entre la mujer y la serpiente. A la mujer se le han advertido ahora dos cosas opuestas y en conflicto: morirás, no morirás. Así pues, ¿qué hace ella?

Mira el árbol.

La mujer no es embaucada por la serpiente o seducida por la perspectiva de ser como los dioses. Enfrentada a las autoridades y verdades en conflicto, decide comprobarlo por sí misma y... actuar de acuerdo a sus auténticas percepciones. He aquí la versión de ello, con ligeros ajustes, en la Biblia Reina-Valera: «Y cuando *vio* la mujer que el árbol era bueno para comerlo y agradable a los ojos, y un árbol codiciable para alcanzar la sabiduría, cogió de su fruto y comió; y dio también de él a su marido, el cual comió como ella» (las cursivas son mías).[7] O en una versión en castellano de la traducción al inglés de Robert Alter en 2018: «Y la mujer *vio* que el árbol era bueno para alimentarse y deseable a los ojos, y delicioso de mirar, y cogió de sus frutos y los comió, a la vez que se los daba a su hombre, y él también comió» (de nuevo, las cursivas son mías).[8]

Esencialmente, es lo mismo. Podría ser la historia de cualquier mujer o de todas las mujeres o, para el caso, de cualquiera que, al ver una fruta que parece apetecible y es agradable a la vista, además de una fuente nutricia o de sabiduría (como el pescado, si se considera la parte benéfica de él para el cerebro), la toma y se la come y, cuando nada sucede (nadie se muere, nadie se siente avergonzado o va a cubrir su desnudez), le convida de ella a la persona que está a su lado. Una historia habitual.

Pero es una vez que Adán come del fruto cuando la historia da un giro. De pronto, Adán y la mujer andan ocultándose de Dios y usando hojas de higuera para cubrir su desnudez. Cuando, en el frío del atardecer, Dios va al jardín, no llama a la mujer, sino a Adán. Y entonces comienza lo de las culpas. Adán culpa a la mujer, la mujer culpa a la serpiente. Dios, por su parte, los castiga por su transgresión. A la mujer le dice: «Y para tu hombre será tu deseo, y él regirá sobre ti». Y a Adán le dice: «Porque escuchaste la voz de tu mujer» y desobedeciste a mis mandamientos, «maldito sea el suelo por tu bien, con dolores comerás de él todos los días de tu vida». O, en la versión castellana de la traducción más familiar del rey Jacobo, «con pesar comerás de él todos los días de tu vida».[9]

También conocemos *esa* historia. La historia de que todo fue culpa de ella.

Pero he aquí lo que verdaderamente me sorprendió. En 2017, fui invitada a hablar en la Knéset, el parlamento israelí, por mujeres de los partidos de centro y centro-izquierda. La sesión tuvo lugar en una sala de conferencias del edificio de la Knéset en Jerusalén y a ella fueron invitadas unas ciento cincuenta personas, la mayoría mujeres. En el turno de preguntas que siguió a mi charla, una de ellas, una abogada internacional especializada en derechos humanos, me preguntó: «¿Ha oído usted hablar del *ezer kenegdo*?».

No. Yo no tenía idea de qué me estaba hablando.

Ella tradujo los términos hebreos: *ezer* significa «ayudante», aunque no en el sentido de un sirviente o un subordinado, visto que Dios mismo es un *ezer*, alguien con la facultad de ayudar. Y *kenegdo* significa «oponerse a él». «Confrontarse» es otra traducción posible, según mi amigo, el filósofo israelí Moshe Halbertal. Significa «oponerse a alguien», «enfrentarlo» o, como dijo la abogada ese día en Jerusalén, «llevarlo en una dirección opuesta».

El término *ezer kenegdo* proviene del libro del Génesis, de la historia de la segunda creación, cuando Dios crea a Adán, el terrenal, el humano, porque requiere de alguien que labre los suelos. Al ver que Adán está solo, crea a los animales para brindarle compañía, pero entonces se da cuenta de que no es suficiente. Lo que Adán necesita —es de lo que Dios se da cuenta— es un *ezer kenegdo*, alguien que lo ayude oponiéndosele. Y así crea a la mujer.

Quedé perpleja. ¿Cómo podía ser que no supiéramos esto? O quizá ustedes lo sepan, ¿cómo podía ser que *yo* no lo supiera?

Y, cuando menos en un sentido, la respuesta es clara. *Kenegdo* no se traduce. Sencillamente se lo deja fuera. «Ayudante» es el equivalente en castellano de la traducción del rey Jacobo. «Compañía ayudante» es una alternativa, sin la más ínfima mención de oposición. La Nueva Biblia Inglesa dice «socio». Robert Alter traduce *ezer kenegdo* como «sostén detrás de él», agregando una nota al pie que dice que la expresión hebrea *ezer kenegdo* «es extremadamente difícil de traducir», aunque la razón de ello sigue siendo un misterio.[10] Un estudiante de Leyes en mi seminario sobre resistencia a la injusticia, un hebreoparlante de Australia, no tuvo mayores dificultades para traducir la expresión. Para él, el significado era obvio.

En su nota al pie, Alter escribe que *kenegdo* «significa "junto a él", "opuesta a él", "una contraparte de él"». Es la noción de oposición la que se pierde, como si fuera inconcebible que las palabras pudieran significar lo que a primera vista significan. O, yendo más al grano, como si fuera imposible pensar que el hombre, el humano, necesita de una mujer que le ayude al oponérsele o confrontarlo, o desafiarlo, o cuestionarlo, o enfrentarlo, o llevarlo en una dirección contraria a aquella hacia la cual, dejado a su arbitrio, muy probablemente se dirigiría. Y sea lo que sea lo que Dios dijo a quienquiera que escribiera las palabras *ezer kenegdo* en la historia de la creación de la mujer, esa voz no pudo ser escuchada, al contrario que la conocida historia sobre la seducción y la desobediencia. Porque, en realidad, ¿qué hombre o qué Dios podían siquiera concebir que un hombre, un humano, pudiese necesitar a una mujer para ayudarlo de ese modo?

No hay nada intrincado en los términos en sí, *ezer* o, para el caso, *kenegdo*, es una palabra habitual: *neged*. En el hebreo cotidiano significa «contra», y con la «o» final, «contra él o ello», como un equipo de baloncesto jugando contra otro equipo. Es la idea de que la oposición de una mujer le resulte útil a un hombre lo que es «notoriamente difícil» de aceptar.

Con todo, alguien en alguna fase de la Antigüedad dejó un rastro, huellas en la arena. El seguimiento de esos rastros conduce entonces a una lectura muy distinta de la historia de Adán y Eva y también, diría yo, de las teorías del yo y la moral y el desarrollo individual. Puesto que, en esa lectura, la mujer, una ocurrencia tardía en esta concepción del mundo, vislumbra hacia dónde van las cosas cuando el conocimiento del bien y el mal le pertenece solo a Dios en las alturas, mientras que al hombre le está prohibido aprehender lo que hay en la naturaleza (siendo un árbol lo que hay en la naturaleza), incluyendo su propia naturaleza. En síntesis, en algún lugar, alguien vislumbró hace mucho tiempo que, bajo estas condiciones, el ser humano necesitaría de otro alguien que lo arrastrara en la dirección contraria, lejos de la senda que habría de conducir a que la mujer quedase subyugada por él, fuera de la historia que termina con: «Y él gobernará sobre ella», en la que él es el humano, y ella, la madre. En suma, la versión patriarcal de la historia.

Me fascinan estos rastros de un relato alternativo, surgido hace mucho tiempo y eclipsado por lo que se ha llegado a conocer como «la historia». ¿Por qué, podemos preguntarnos, se necesita ocultar esta revelación acerca de las necesidades del hombre? Cuando llegué a un determinado párrafo en una de las novelas de Toni Morrison donde explica el por qué, me di cuenta de que, al menos para algunas mujeres, no es un secreto. El párrafo en cuestión está en *Beloved* y es sobre la relación de Paul D. con Sethe, la madre de Beloved. Como Sethe, Paul D. había sido esclavo en la plantación de Garner. Hablando por voz de Paul D., Morrison escribe: «Sethe, ella me ha reparado y yo no puedo destruir eso». El párrafo continúa:

¿Cómo? Un hombre adulto reparado por una niña... y que se la follara o no, no era el punto; lo era que no fuese capaz de quedarse [en casa de ella] o irse donde quisiera... el peligro estaba en perder a Sethe porque no era suficientemente hombre para escapar, así que la necesitaba, a Sethe, para ayudarlo, para saber de él, y a él lo avergonzaba pedirle a la mujer que deseaba proteger que lo ayudara a hacerlo. Ah, maldición, al infierno con todo.[11]

El peligro estaba en perder a Sethe porque... la necesitaba... para ayudarlo. Pero, como la propia Morrison escribe unas pocas líneas antes, «él era un hombre y un hombre podía hacer lo que él haría». Por tanto, su necesidad de que Sethe supiera de ello y lo ayudara a liberarse, o a repararlo, lo avergonzaba. Hacía que él no fuera del todo «hombre».[12]

Así que en esas estamos.

Esta es la historia en que necesitamos irrumpir, y necesitamos hacerlo antes de que sea demasiado tarde. En caso de que nos preguntemos qué era lo que Paul D. necesitaba de Sethe para ayudarlo a liberarse y qué era lo que necesitaba que ella reparara, la novela de Morrison brinda la respuesta. Paul D. necesitaba que Sethe lo ayudara a liberarse del bloqueo emocional que rige a un hombre en el patriarcado, es decir, de la concepción de la virilidad que, en la inquietante imagen de Morrison, fuerza a Paul D. a mantener sus lágrimas bloqueadas en su interior, en «esa lata de tabaco enterrada dentro de su pecho allí donde solía haber un rojo corazón. Con la tapa oxidada y bien cerrada».[13] Para Paul D., liberarse implica hacer saltar la tapa de esa lata; «reparar aquello» implica experimentar la vergüenza que sentiría al liberar emociones que lo harían pensar que «no soy un hombre», lo cual es, en rigor, lo que anhela decirle a Sethe, pero no se anima a hacer.[14]

Permítaseme ser muy clara respecto a lo que estoy y no estoy diciendo. En el libro del Génesis hay dos historias de la creación. Una es la que se cuenta al principio mismo del libro, el Génesis 1, en la que Dios crea el mundo en seis días, partiendo por los cielos y la tierra y concluyendo con los humanos, «a los que creó como hombre y mujer». Sin jerarquías, sin ningún binarismo y/o tan solo como humanos, hombre y mujer, lo que podía suponer un amplio espectro de posibilidades. En la segunda historia de la creación, el Génesis 2, el mismo día que el Señor —puesto que ahora se le denomina «el Señor»— hizo la tierra y los cielos, se encargó de modelar al humano a partir de la tierra (desde el *humus* o, en hebreo, *adama*) y le insufló por sus fosas nasales el hálito de la vida, para que ahora hubiese alguien que cultivara la tierra. A diferencia del Génesis 1, esta historia de la creación es un relato patriarcal. En el principio, el Señor crea a Adán, el ser terrestre, que es hombre; inicialmente, no se piensa en la mujer.

Pero entonces Dios ve que Adán está solo —ya saben ustedes cómo sigue el cuento— y esto, a su vez, lleva al reconocimiento de que lo que Adán necesita es un *ezer kenegdo*, así que Dios mismo hace dormir a Adán y de su costado crea un *ezer kenegdo* para él. Esto es, crea una mujer.

Lo que estoy diciendo es que, incrustada dentro de esta segunda y patriarcal historia de la creación, hay una historia de resistencia al patriarcado, junto a la revelación de que Adán deberá resistir al patriarcado (y, como Paul D., necesitará de alguien que le ayude a hacerlo). Así que, en rigor, hay tres historias de la creación: la primera es el Génesis 1 («Los creó como hombre y mujer»); la segunda, el Génesis 2, donde Dios crea a Adán como hombre y lo que sobreviene está regido por las necesidades del hombre, esto es, la historia patriarcal; y luego, dentro de la historia patriarcal, hay una historia de resistencia en que Dios crea una mujer para ayudar a Adán a resistirse al patriarcado.

No es que ella esté en lo correcto y él equivocado. Más bien ocurre, como Toni Morrison lo percibe, que él la necesita a ella para que le ayude a hacer lo que, por ser hombre, no puede hacer por sí mismo. Esto es, necesita a alguien que no sea hombre para que se oponga a lo que él, como hombre, no consigue liberar o reparar sin cuestionar su virilidad: el bloqueo de su propio corazón.

Hay muchas formas de leer la historia de la mujer hecha de la costilla de Adán, pero en mi propia lectura las palabras *ezer kenegdo* son la clave. Lo que me asombra es que, ya en esa época tan antigua, alguien sabio vislumbró que, dentro de la concepción patriarcal del mundo, Adán, el hombre, sería vulnerable de un modo tal que lo conduciría a necesitar una ayudante que resultase fuerte (una *ezer*) y que, viendo hacia dónde se encaminaba todo —al ocultamiento y encubrimiento, al culparse y avergonzarse, al castigo y el sufrimiento, al entrampamiento y la dominación—, le ayudara, jalándolo en una dirección opuesta. Alguien, una mujer, una entidad, un ser humano que no le es ajeno, sino creado a partir de su costado. Alguien en contacto con su humanidad.

En las varias capas de la historia de la creación contenidas en el libro del Génesis, la versión patriarcal es una capa superpuesta que desplaza a una historia previa sobre los seres humanos y que contiene en su interior las semillas de su propia ruina. La agente a cargo de esta disrupción es una mujer y, bajo esa luz, tiene sentido que la «voz diferente» fuera escuchada como una voz de mujer o una voz «femenina». En rigor, es una voz feminista, porque la historia en que irrumpe es una historia patriarcal. Con la irrupción ahora diseminándose por todas las ciencias humanas en forma de cambio de paradigma o inflexión relacional, las capacidades relacionales como la empatía y la inteligencia emocional, alguna vez consideradas «femeninas», son reconocidas por lo que son: fuerzas humanas.

Ahora, la voz diferente puede ser escuchada como lo que es: una voz humana. Como nuestra voz, en el principio. Una voz que funde pensamiento y sentimiento, el yo y las relaciones, la mente y el cuerpo. Y, con esta toma de conciencia, viene el reconocimiento de que las escisiones que alguna vez fueron exaltadas como piedras angulares del progreso (la separación de razón y emoción, mente y cuerpo, el yo y sus relaciones) son, de hecho, manifestaciones de un daño o trauma.

Así, cuando nos topamos con alguien falto de empatía o que aparece como despistado en lo relacional, o que en apariencia no tiene voz, estamos prestos a preguntarnos: ¿qué habrá sucedido? ¿Qué le habrá pasado a este ser humano?

Los estudios realizados con niños y adolescentes en los años ochenta y noventa hablan de estas preguntas. Iluminan un proceso de iniciación que requiere de una disociación. Las frases «No lo sé» y «No me importa» marcan este rito de pasaje en las vidas de los niños. Un mandato —el «No»— se antepone al saber o el importar, de manera que, al convertirse en jóvenes mujeres, las niñas no sabrán lo que ya sabían de acuerdo a su propia experiencia; y al convertirse en hombres, a los chicos dejará de importarles eso que, en verdad, les importaba profundamente.

Pero ¿qué pasa si esta disociación no ocurre?

Greta Thunberg tenía ocho años cuando supo por primera vez del cambio climático. La revista *Time* informa que su profesora de enseñanza primaria le había mostrado «un video sobre sus efectos: osos polares pasando hambre, climas extremos e inundaciones. La maestra explicó que todo eso estaba pasando a causa del cambio climático. Después de eso, toda la clase quedó abatida, pero los demás chicos fueron capaces de seguir adelante. Thunberg no pudo. Comenzó a sentirse extremadamente sola».[15]

Me he preguntado por qué. ¿Por qué ocurrió que una chica joven logró galvanizar en todo el mundo esa conciencia que le impactó a ella a sus ocho años y movilizó a la gente a una escala que los activistas del cambio climático no habían conseguido antes, a pesar de sus mayores conocimientos y recursos y, con seguridad, mayores habilidades sociales? Como se apresura a reconocer, Greta cae dentro del espectro autista; ha sido diagnosticada con el síndrome de Asperger, además de un trastorno obsesivo compulsivo y mutismo selectivo. Esa es la razón por la que, como ella explica en su charla TED, «hablo solo cuando siento que es necesario».[16]

Cuando Greta tenía once años cayó en una profunda depresión. Como escriben los periodistas de *Time*:

Durante meses dejó de hablar casi por completo y comía tan poco que estuvo al borde de ser hospitalizada; ese periodo de malnutrición provocaría más adelante una atrofia en su crecimiento. Sus padres dejaron de lado por un tiempo sus labores para atenderla, en una época que su padre recuerda como de «infinita tristeza», y la propia Thunberg recuerda haberse sentido confundida. «No lograba entender cómo podía existir todo eso, esa amenaza existencial, y que nadie le diera prioridad», declara. «Puede que yo estuviera en una actitud de negación, algo como: "Esto no puede estar pasando porque, si lo estuviera, los políticos se estarían haciendo cargo de ello"».[17]

Al principio, su padre se empeñó en asegurarle que todo estaría bien, pero «a medida que él mismo leía sobre la crisis climática, descubrió que sus palabras sonaban huecas. "Me di cuenta de que ella tenía razón y yo estaba equivocado"».[18]

Al igual que el niño en «El traje nuevo del emperador» (en el cuento de Andersen es un chico), que dice lo que de alguna manera es evidente —que el emperador está desnudo—, Greta estaba diciendo la verdad: el planeta está ardiendo.

El *Time* relata que:

> Empeñada en consolar a su hija, la familia comenzó a modificar sus hábitos para reducir sus emisiones. En gran medida, dejaron de comer carne, instalaron paneles solares, comenzaron a cultivar su propio huerto y eventualmente renunciaron a volar en avión, un gran sacrificio para la madre de Greta [cantante de ópera], que actúa en toda Europa.[19]

«"Hicimos todo esto", explica su padre, "básicamente no para salvar el clima, eso no nos importaba mucho inicialmente... Lo hicimos para hacerla feliz y devolverla a la vida"». Poco a poco, Greta comenzó a comer y hablar de nuevo. Como decía su padre, después de comenzar sus huelgas, ciertamente «volvió a la vida».[20]

En la reunión anual de los grandes empresarios y líderes mundiales en Davos, Suiza, la propia niña dijo: «Quiero que sientan ustedes el miedo que yo siento cada día. Y luego quiero que actúen».[21] A los miembros del Congreso de Estados Unidos que le agradecían su visita al Capitolio, les dijo prácticamente lo mismo: «Hagan algo».

Puede que su Asperger haya aislado a Greta de una iniciación que, en nombre de la bondad o a beneficio de la inclusión, le hubiera impedido decir en esta voz sin adornos lo que es tan patente y brutalmente real. Y no es mi intención romantizar aquí el síndrome de Asperger, sino más bien preguntar: ¿por qué ha encontrado esa voz tanto eco?

Mi respuesta es simple: porque es una voz que reconocemos, una voz humana. A la vez familiar y sorprendente. Una voz que conocimos y luego aprendimos a desestimar como ingenua y desagradable. Una voz que nos pone al borde del abismo, en parte porque nos lleva a cuestionar pérdidas que hemos justificado como necesarias y revisitar sacrificios que podemos haber realizado en nombre de la virilidad o el honor o el hecho de convertirnos en una buena mujer, o con el fin de tener vínculos y gozar de paz y abrirnos paso en el mundo. En un mundo donde, para ser tal, un hombre debe cegarse a sí mismo ante su vulnerabilidad y una mujer debe actuar como si fuera altruista y no tuviera una voz propia, la voz humana es una voz de resistencia.

Al dar clases en la universidad, me sorprende cuando, aún hoy, escucho a una mujer desestimar su propia experiencia como «subjetiva» o considerar «egoísta» la formulación de su pregunta, de eso que *ella* de verdad quiere saber. Recientemente, observé a una estudiante vacilar cuando su tutor de la facultad le indicó que basarse en su propia experiencia para enmarcar la pregunta de su tesis (que trataba sobre las mujeres) resultaría «demasiado anecdótico» y «no científico». Le advirtió que nadie la tomaría en serio, ni a ella ni a su labor. Como persona involucrada en la seriedad de su trabajo, vi la necesidad de irrumpir en esta historia.

En el seminario sobre resistencia a la injusticia realizado en el otoño de 2019, Gary Uter, un destacado estudiante del curso, tituló su ensayo final «Boys II Men».* Entre sus intuiciones respecto al proceso de transición hacia la virilidad, la que me pareció más original fue su percepción de que el patriarcado «es en sí mismo y por sí mismo una modalidad de conciencia dual». Uter, un estudiante afroamericano de Leyes, estaba destinado a incorporarse en una de las firmas más prestigiosas de Nueva York, y se inspiró en *Las almas del pueblo negro* de W. E. B. Du Bois, obra en la que Du Bois describe esa conciencia dual:

Es una sensación peculiar, esa conciencia dual, esa sensación de verse siempre a sí mismo a través de los ojos de los otros, de medirse la propia alma con la cinta métrica de un mundo que observa con burlesco desdén y lástima. Uno siente todo el tiempo su dualidad: es estadounidense y negro; tiene dos almas, dos pensamientos, dos empeños irreconciliables; dos ideales en lucha dentro de un cuerpo oscuro, cuya sola y obstinada fuerza lo salva de desgarrarse.[22]

---

* N. del T.: Juego de palabras con la inserción del II romano entre *Boys* y *Men*, lo cual podría equivaler a *De niños a hombres duales*.

La intuición de Uter era que esta es también la lucha de los hombres en el seno del patriarcado: la dualidad, la «sensación peculiar» de ser hombre y a la vez un ser humano; «dos almas, dos pensamientos, dos empeños irreconciliables». Pero, según escribe Uter, «a diferencia de la mayoría de otras instancias de una conciencia dual, la conciencia dual del patriarcado es aquella en la cual se espera que su dueño niegue su existencia. Bajo el patriarcado, un hombre no puede reconocer que el patriarcado es un constructo social».[23]

Esta conciencia dual es de lo que Greta Thunberg carece; cabe atribuírselo a su Asperger. Su pensamiento es unidireccional. Aun así, es difícil refutarla cuando dice en tono burlón, pues tiene sentido de la ironía, que si a nosotros no nos importa su futuro, ¿por qué debería importarle a ella? Escucho su voz como una voz primaria, una voz humana, una voz previa a la iniciación. Nos suena familiar porque alguna vez estuvimos allí, viendo el mundo en blanco y negro, que es como Greta caracteriza su forma de ver, antes de que aprendiéramos que las cosas son más complicadas, que hay más de una forma de percibir un problema. Y bueno, sí, el planeta está en peligro, pero a la vez tenemos que ir a la escuela.

Porque lo que inicialmente escuchamos como una «voz diferente» es, de hecho, una voz humana, es una voz que albergamos dentro de nosotros. Porque esta voz humana difiere de una voz patriarcal, dentro de nosotros contenemos las semillas de la transformación: una vía de salida de una forma de vida altamente determinada por el género y sostenida por la ceguera de los hombres y el silencio de las mujeres. Pero, a la vez, es necesario no minimizar la disrupción.

Greta Thunberg no es para nada la única que afirma que hay que cambiar las reglas. El primatólogo Frans de Waal llamó a realizar «una reevaluación total de nuestros supuestos acerca de la naturaleza humana».[24]

La parte difícil de *ezer kenegdo* es que tiene que ver con las mujeres y, más específicamente, con las relaciones entre mujeres y hombres. No he conocido hasta ahora a ninguna mujer que llevara tiempo casada y no supiera de inmediato de lo que trata el *ezer kenegdo*. Pero también sabía no hablar de ello, y la razón es obvia. En la novela de Toni Morrison, Paul D. la nombra; Gary Uter, el alumno estrella en el seminario de resistencia a la injusticia, lo explica. Entiendo, o al menos creo entender, por qué lo del *ezer kenegdo* es «extremadamente difícil de traducir». No podemos saber lo que quiere decir no porque no sea verdad, sino porque un hombre se avergonzaría de que nosotras lo supiéramos.

Greta dice que se nos acaba el tiempo. Es un acertijo que debemos resolver ya. ¿Cómo podemos hacer lo que como humanos debemos hacer ahora, antes de que sea demasiado tarde? ¿Cómo podemos arreglarlo sin encender la mecha que haría estallar las cosas? Pues, cuando la virilidad se avergüenza, la violencia se vuelve inminente.[25]

En su ensayo «Splitting the World Open: Connection and Disconnection among Women Teaching Girls» [«Dividir el mundo en dos: conexión y desconexión entre mujeres que dan clases a niñas»], la educadora Judith Dorney reflexiona que «una parte central de la labor de conexión radica en lidiar con la crisis que surge mientras avanzamos». Agrega que, al margen de cualquier conflicto y tensión interpersonal que llegue a interponerse en la vía de conexión, hay también barreras institucionales, fuerzas que «trabajarán en general para mantener el *statu quo*». La escolaridad tradicional, según su experiencia, «no está hoy diseñada para sostener estos tipos de conexiones intensas o para desafiar las tradiciones y relaciones de poder convencionales».[26]

Dorney escribía en ese momento acerca del poder transformador del Proyecto Harvard y de sus retiros grupales con mujeres que enseñan a niñas y niñas que enseñan a mujeres, de cuyo desarrollo había asumido el liderazgo. Y, aun así, pese a la potencia de los retiros, la transformación se vio interrumpida, en parte por las razones que ella menciona. Dorney concluye: «Si todas hubiéramos sido conscientes de esos patrones y fuerzas [institucionales], creo que esta hubiese sido no solo una buena historia sino, además, una historia revolucionaria».[27]

Para mí, eso es lo que implican las huellas dejadas en la arena: lo que resultó —cabría decir—, *la* historia patriarcal, la historia de Adán y Eva, podría haber adoptado un giro muy distinto. Porque al final el libro de Audre Lorde está en lo correcto: las herramientas del amo nunca desmontarán la casa del amo. Hay, aun así, otras herramientas y, lo que es mejor, disponemos de ellas.

4
UN DAÑO MORAL

Un veterano de guerra, miembro de una patrulla de reconocimiento de largo alcance que mató a civiles inocentes —«un montón de pescadores y niños»— a consecuencia de un error de inteligencia, señala:

> Lo que nos dejó hasta el carajo de confundidos es que en ese momento te vuelves hacia el equipo y le dices precisamente al equipo: «No se preocupen por eso. Todo está jodidamente bien». Porque eso es lo que te están diciendo desde el piso de arriba.
>
> El coronel de mierda dice: «No se preocupen por eso. Nos haremos cargo de ello». Ya saben... «¡Tenemos el conteo de los cuerpos! ¡Tenemos el conteo

de los cuerpos!». Así que eso empieza a resonar en tu cabeza.

Y en el fondo del corazón uno sabe que está mal, pero en ese momento están sus superiores diciéndole que está bien. Entonces lo que quiero decir es que está *bien*, ¿no? Es parte de la guerra, ¿no? ¡Al ataaaque! ¿Vale?[1]

«¡Simplemente, escuchen!», nos dice Jonathan Shay: «Antes de analizar o clasificar algo, antes de pensar o intentar *hacer* algo, deberíamos *escuchar*».[2] Al trabajar con veteranos de guerra que sufrían trastorno de estrés postraumático severo y crónico, Shay nos aconseja cautela: absorban la historia antes de encontrarle sentido porque, de hecho, estas historias no tienen sentido; son historias de individuos «confundidos» en que la confusión empieza a «resonar en tu cabeza», porque en el fondo de tu corazón sabes que está mal pero «ahí están tus superiores diciéndote que está bien». Y no solo que está bien, sino que es «parte de la guerra» y que todo ello será recompensado con medallas de honor. En palabras de un veterano, estas historias son un «material sagrado».

Aun así, apunta Shay, «con demasiada frecuencia nuestra modalidad de escucha se deteriora para transformarse en una clasificación intelectual donde el profesional agarra al vuelo las palabras de los veteranos y las adhiere a ciertos contenedores mentales». Suponemos que sabemos lo que estamos oyendo, que, en rigor, no precisamos escucharlo, que ya lo hemos oído antes. En esto nos «parecemos a los visitantes de los museos cuya única experiencia consiste en decirse mentalmente: "¡Eso es cubista! ¡Eso es El Greco!", aunque nunca hayan *visto* nada de lo que miran». Como reflexiona el mismo Shay, «escuchar de este modo *destruye* la confianza».[3]

El mundo de Shay y el mío están muy lejos el uno del otro. Él escuchaba a veteranos de guerra de Vietnam, yo a niños y niñas en el colegio y en escenarios extracurriculares. Los niños y sus profesores, los niños y sus padres. Sin embargo, al escuchar a Shay hablar del daño moral, arribé a una repentina y asombrosa conciencia de algo: yo también había asistido a una traición de lo que es correcto, en una situación en que las apuestas eran altas y donde la traición era sancionada por aquellos que ocupaban posiciones de legítima autoridad. No en la situación extrema de un trauma de guerra, sino como parte de un proceso de iniciación que ocurría cotidianamente. La traición de lo correcto era una traición al acto de relacionarse.

Al hablar de una forma de escucha necesaria para generar confianza, Shay estaba describiendo mi investigación. Había descrito algo que otros habían considerado un mero trastorno (un trastorno de estrés postraumático) como un daño, y un daño *moral*: a una traición de «lo que es correcto» le había seguido un quiebre de la confianza. Había sucedido algo que no era correcto y, sin embargo, había sido culturalmente admitido, creando una grieta en el tejido social. «La curación del trauma depende de que sea puesto en comunidad», escribe Shay.[4] Puesto que la comunidad fue cómplice en la traición, debe estar involucrada en la sanación. De otro modo, no es posible restaurar la confianza.

La adolescencia es una encrucijada en la vida de las niñas, un punto en que niñez y feminidad se cruzan. En *Meeting at the Crossroads* [*Encuentro en la encrucijada*], Lyn Mikel Brown y yo dimos cuenta de un estudio de cinco años con cerca de cien niñas que atravesaban esta intersección. En conformidad con criterios estándar del desarrollo psicológico y el progreso escolar, las niñas de nuestro estudio —que tenían entre siete y dieciocho años, eran diversas en cuanto a raza, etnia y clase social, y calificaban como aventajadas escolarmente— lo estaban haciendo muy bien.

Nuestro estudio aporta evidencia clara de que, a medida que estas niñas maduran, se tornan menos dependientes de la autoridad externa, menos egocéntricas o encerradas en su propia experiencia o punto de vista, más diferenciadas de otras en el sentido de ser capaces de distinguir sus sentimientos y pensamientos de los de otras personas, más autónomas en el sentido de ser capaces de confiar en sí mismas, o de asumir responsabilidades por sí mismas, más sensibles a la compleja interacción de voces y perspectivas que hay en cualquier relación, más conscientes de la diversidad de la experiencia humana y las diferencias entre los grupos societales y culturales.

Pese a todo, esta evidencia clara de un avance en el desarrollo marchaba paralelamente a «una pérdida de la voz, a una batalla por conceder autoridad a la propia experiencia o tomársela en serio —por escuchar su propia voz en la conversación y responder a sus sentimientos y pensamientos—, a una confusión creciente y a veces

defensividad, a la vez que se evidencia una susti-
tución de relaciones verdaderas por otras no auténticas o idealizadas».[5]

Estábamos recogiendo indicios de un daño
moral: una traición de la relación había llevado a
la confusión, incluyendo la confusión respecto a las
relaciones (la diferencia entre conexiones reales
versus idealizadas o no auténticas); algunas niñas
registraban la traición como una traición a lo que
es correcto, otras se resistían a ella. Algo no tenía
sentido. Como decía el veterano de guerra, en el
fondo de tu corazón sabes que está mal, pero ahí
está tu superior diciéndote que está bien, que es
parte de la guerra. De la traición de la relación
también se decía que estaba bien, que era parte
del crecimiento.

Y entonces quedó claro que no era solo el caso
de las niñas. Los indicios de un daño moral son
evidentes entre los niños, tanto en una encrucijada más temprana de su vida —aproximadamente
entre los cuatro y los siete años, la época en que
ingresan a la enseñanza formal y se los convoca a
consolidarse como niños— como durante los últimos años de secundaria, cuando saben algo más
de cómo ser un hombre. De nuevo, las relaciones están en juego, junto a temas de identidad e

inclusión. Hablo aquí del trabajo de Judy Chu y Niobe Way; del libro de Chu, *When Boys Become Boys: Development, Relationships, and Masculinity* [*Cuando los niños se convierten en niños: desarrollo, relaciones y masculinidad*]; y el de Way, *Deep Secrets: Boys' Friendships and the Crisis of Connection* [*Secretos profundos: amistades entre niños y la crisis de conexión*]. Las relaciones aparecen en ambos libros como subtítulo.

«Lo correcto» es el equivalente en boca de Shay de la palabra griega *themis*. Como él mismo reflexiona:

> Ninguna palabra del inglés abarca en toda su extensión la definición que una cultura hace de lo correcto y lo incorrecto; empleamos términos como orden moral, convención, expectativas normadas, ética y valores sociales comúnmente entendidos. La antigua palabra que Homero emplea, *themis*, engloba todos esos significados.

Hablando todavía de *themis*, Shay observa que, aun cuando los supuestos profundos de «lo que es correcto» puedan ser específicos de la cultura, la respuesta a su violación es notoriamente consistente: «El contenido específico de *themis* en los héroes ho-

méricos era a menudo muy distinto al de los soldados estadounidenses en Vietnam, pero lo que no ha
cambiado en tres milenios es la ira violenta y el repliegue social que sobrevienen cuando esos supuestos profundos de "lo que es correcto" son violados».[6]

La misma reacción a lo largo de tres milenios. Para los héroes homéricos y los veteranos de
Vietnam, la traición de lo que es correcto provocaba ira violenta y repliegue social. Los hombres que
habían combatido en Vietnam estaban enloque-
ciendo, se estaban desquiciando, como Aquiles en
la *Ilíada* de Homero, pues había ocurrido algo que
no tenía sentido.

A los trece años, Judy describe su experiencia de
una iniciación que conlleva el riesgo de olvidarse
de su propia mente. Tu mente, dice ella apuntando
a sus tripas, «está como asociada a tu corazón y tu
alma y tu sensación interior y tus verdaderos sentimientos». ¿Cómo puede ella seguir en contacto con
lo que sabe al nivel de las tripas y al mismo tiempo
absorber lo que precisa absorber, eso que sus superiores, sus maestros, consideran el conocimiento?
Judy llega a una solución creativa. Habrá de se-
parar su mente —la mente que ella asocia con su
corazón y su alma y sus verdaderos sentimientos—
de su cerebro, que ella asocia con su inteligencia,

su perspicacia y su educación. Hablando de su cerebro, dice que «[la gente] puede controlar lo que te está enseñando y decir: "Esto es correcto y esto está mal", que es como un control dentro de tu cerebro. Pero el sentimiento está solamente contigo; [el sentimiento] no puede ser modificado por alguien más que quiere que ese sentimiento sea de cierta manera. No se lo puede cambiar diciendo: "No, esto es malo, esto es correcto, esto es malo"».[7]

La socialización tiene un límite. La gente puede decirte lo que es correcto e incorrecto, pero «el sentimiento está solamente contigo». Para Judy, a sus trece años, sentir y saber son dos cosas distintas, aunque esta distinción se desploma cuando contrasta dos tipos de saber, «un saber de tipo más profundo» que está conectado a los sentimientos, y un saber intelectual que, «como que proviene del cerebro, es como tu parte inteligente; como tu sagacidad, tu brillantez, tu parte educada, mientras que tu sentimiento es algo en que no importa si tienes educación o no, es algo que simplemente no puedes poner en palabras. Algo que no puedes verdaderamente explicar, pero no es... No sé... Es solo un tipo más profundo de saber que el saber de la inteligencia. Porque la inteligencia te dice "no", "malo", "sí", "bien" y todo eso».

Hablando del saber conectado con el sentimiento, Judy explica: «Siempre que siento que algo malo va a suceder o me siento asustada, o presiento algo terrible, puedo sentirlo en mi estómago, un sentir de las tripas que le dice a una que no está haciendo lo correcto o que está haciendo algo que en realidad no le importa... ya sea que esté bien o mal». Este sentimiento, sigue ella, «es como un saber interno, como que simplemente tiene que ver no con tu cerebro sino con tu mente».[8]

Con todo, en el proceso de madurar, reflexiona Judy, la gente va perdiendo su propia mente: «Es como algo que sucede gradualmente», pero «después de un tiempo, uno simplemente como que se olvida de su mente, porque todo está siendo embutido en ti dentro de tu cerebro».[9]

Los mundos —el de Shay y el mío— no están tan alejados.

Me impacta la escisión similar en ambos contextos: una disparidad entre lo que uno sabe en el fondo de su corazón, la clase de saber interno que solamente está con uno, y lo que la gente te dice, incluido lo que es correcto y lo que está equivocado. El veterano de guerra dice que en el fondo de tu corazón sabes que está mal, pero ahí están tus superiores diciéndote que está bien. Judy habla de la gente «que te dice... "Esto está bien y esto está mal"», controlándote al controlar tu cerebro. Controlándote al decirte cómo pensar en la moral. Pero, como observa ella misma, «el sentimiento está solamente contigo... El sentimiento no lo puede modificar alguien más que quiere que ese sentimiento sea de cierta manera».

UN TRÍPTICO DE INICIACIÓN

La palabra «traición» aparece repetidamente en el libro *Deep Secrets* [*Secretos profundos*] de Niobe Way, empleada por los chicos adolescentes en los estudios que ella realizó para explicar por qué ya no tienen un mejor amigo, por qué ya no le cuentan sus secretos a nadie más. Justin lo describe como algo que «simplemente ocurre», no sabe si es algo «natural o lo que sea». Pero el quiebre de la confianza es inequívoco. Como bien dice Joseph, «no puedes confiar en nadie en esta época».[10]

Justin estaba entre la mayoría de los chicos participantes en el estudio de Way: niños dentro de un amplio espectro en cuanto a origen cultural (latino, portorriqueño, dominicano, chino, afroamericano, anglo, musulmán, ruso y así sucesivamente) que «hablaban de tener y querer tener amigos íntimos varones y de haber perdido luego, de manera gradual, estos vínculos y su confianza en sus pares varones». Cuando estaba en el primer y segundo año de enseñanza secundaria, Mohammed habla de haberle contado a su mejor amigo todos sus secretos; cuando fue entrevistado en el tercer año, dice: «No lo sé. Recientemente... Verá usted, como que he cambiado un poco. No tanto, pero siento como que no hay necesidad de... Ahora podría guardármelos [mis sentimientos] para mí. Ya estoy suficientemente maduro, ya sabe».[11]

Fernando también habla de maduración. Al preguntársele por lo que considera una amistad ideal, parte por decir: «Tienes que ser divertido, confiable. Simplemente tengo que pasarlo bien contigo, ya sabes». Pero entonces dice, más vacilante y en tono de pregunta: «Estee... Supongo que... ¿Simplemente tienes que estar para apoyarme? Eso supongo, no quiero sonar demasiado mariquita, como... Creo que he madurado en ciertos sentidos... Ahora sé mejor cómo ser un hombre».[12]

Way se encontró con que, en los primeros años de la secundaria, los chicos se resisten a la construcción binaria del género que hace que les suene «mariquita» depender de alguien y querer que otros «simplemente estén para apoyarme». Pero, hacia el final del periodo, el binarismo es impuesto. La intimidad y la vulnerabilidad emocionales han asumido un género (son cosas de niñita) y una sexualidad (son de gay). Ser un hombre significa ser emocionalmente estoico e independiente.

Lo que al principio parecía no representar ningún obstáculo para estos niños —la «confianza, el respeto y el amor» que Justin, a sus quince años, percibía como «tan profundos, como algo que está dentro de ti... Son como la naturaleza humana»— se ha vuelto una fuente de tensiones.[13] Justin no sabe si la distancia que ahora experimenta con sus amigos es «natural o lo que sea»; lo que sí sabe es que «simplemente ocurre».

Los chicos del estudio de Way conocen el valor de la amistad cercana. George afirma que, sin un mejor amigo al que contarle tus secretos, «te deschavetas». Chen sostiene que, sin un amigo cercano, «te vuelves loco». Otros describen cómo surge la rabia en su interior cuando no tienen un mejor amigo con quien hablar. Algunos hablan de tristeza, soledad y depresión. Aun así, pese a esta conciencia del asunto, minimizan la pérdida y restan importancia a sus efectos, atribuyéndolos a la maduración, a que saben «mejor cómo ser un hombre».

Fueron los estudios realizados con niñas —el Proyecto Harvard, de una década de duración, que dediqué a escuchar a niñas, entrevistándolas año tras año en los colegios, encontrándome con ellas en clubes extracurriculares de escritura y teatro una vez por semana o en sesiones que duraban una semana entera, yendo con ellas de excursión a santuarios de la naturaleza, museos y sitios históricos como Old Sturbridge Village y participando en retiros con sus profesoras— los que iluminaron el mecanismo de la traición. Al escuchar a las niñas narrar sus experiencias de acceso a la adultez, mi equipo de investigación y yo las oímos describir las presiones que sentían al escindirse entre la cabeza y el corazón (piénsese en Judy), entre la mente y el cuerpo y, lo más asombroso de todo, entre sus voces honestas y sus relaciones. Estaban aprendiendo a no decir lo que «verdaderamente» pensaban o cómo se sentían «en realidad», a guardarse para ellas o no confiar en lo que sabían de primera mano, a partir de su propia experiencia; estaban aprendiendo que, si tenían que «ser honestas» sobre lo que pensaban y sentían, nadie querría estar con ellas. El precio de tener relaciones era un silencio interior.

La internalización del binarismo y la jerarquía de géneros marca la inducción de la psiquis al patriarcado. Como regla general, cuando se escucha hablar del binarismo de género (de las capacidades humanas referidas como «masculinas» o «femeninas») y de una jerarquía en que lo masculino es puesto por encima de lo femenino (por ejemplo, de la razón sobre la emoción, del yo sobre las relaciones), uno sabe que está dentro del patriarcado, sea como sea que se lo designe. Organizado en torno al género y al acto de privilegiar la voz de un padre o los padres (*patres*), el patriarcado está reñido con la democracia, que descansa en la premisa de una voz igual o la igualdad. Pero el patriarcado es, además, contra natura: está reñido con nuestra naturaleza humana. El amor y la empatía amenazan su jerarquía de privilegios y poder, y nuestra capacidad de otorgar voz a nuestra experiencia rompe con sus silencios. Para mantener formas de vida en que algunos humanos son considerados más humanos que otros, es necesario que quienes están en la cúspide no registren los sentimientos de aquellos que están por debajo y que las voces de quienes están en la base no sean escuchadas o tomadas en serio. Pero el daño alcanza un nivel más hondo todavía. Concebir las capacidades humanas como «masculinas» o «femeninas», escindir la razón de la emoción y el yo de las relaciones, equivale a seccionar conexiones que son esenciales para el registro de nuestra experiencia y, por ende, para navegar en el universo social humano. Como todos los neurocientíficos y expertos en trauma coinciden, las escisiones que alguna vez fueron consideradas hitos del desarrollo son ahora reconocidas como manifestaciones de un daño o trauma. La escisión de la razón y la emoción y del yo y las relaciones son manifestaciones de un daño moral.

Para decirlo en pocas palabras, la inducción de la psiquis a las escisiones y divisiones de género que subyacen a un orden patriarcal obliga a traicionar lo que es correcto. La iniciación al patriarcado aniquila la confianza al hacer imposible vivir con integridad en relación con los otros. El desarrollo moral depende, entonces, de la resistencia. Al igual que un cuerpo sano resiste a la infección, una psiquis sana se resiste al daño moral.

Los estudios iniciados con niñas en los años ochenta iluminaron el proceso de resistencia, a la vez que destacaron lo que está en juego. Basta con escuchar a las niñas antes de que la iniciación se instale para oír una lectura del universo social humano que puede resultar sobrecogedora en su desnudez. Al inicio de la novela de Charlotte Brontë, la Jane Eyre que entonces tiene diez años le dice a su tía Reed, que la ha calificado de mentirosa:

No soy mentirosa: si lo fuera, le diría que la quiero mucho y, sin embargo, le digo que no la quiero. Me parece usted la persona más mala del mundo, después de su hijo John. Y este libro puede dárselo a su hija Georgiana. Ella sí que es embustera y no yo. [...] La gente piensa que usted es buena, pero no es cierto. Es usted mala, de corazón muy duro y es una mentirosa. [...] Yo diré a todos en Lowood cómo es usted y lo que me ha hecho.[14]

Conocemos esta voz. Se la ha escuchado y registrado una y otra vez. A través de extensos intervalos de tiempo y en gran diversidad de culturas, la voz resuena de manera inequívoca. Es la voz de Ifigenia, la hija de Agamenón, al inicio de la tragedia de Eurípides; la voz de Scout en *Matar a un ruiseñor*; de Frankie en *Frankie y la boda*; de Rahel en la novela *El dios de las pequeñas cosas* de Arundhati Roy, situada en la India; de Tambu en la novela *Condiciones nerviosas* de Tsitsi Dangarembga, situada en Zimbabue; de Claudia en *Ojos azules*, la novela de Toni Morrison que ocurre en Lorraine, Ohio, de Annie John, el personaje de Jamaica Kinkaid criado en Antigua, la voz de Wadjda, una niña de diez años en extremo vital que vive en Riad, Arabia Saudita, en una época en que las mujeres no tenían permitido conducir y las niñas no podían montar en bicicleta. En *Wadjda*, la película de 2012 escrita y dirigida por Haifaa al-Mansour —el primer largometraje enteramente filmado en Arabia Saudita por una directora saudí—, la Wadjda de diez años quiere una bicicleta y, con la ayuda de su madre, la obtiene. Al final del filme, la vemos montando la bicicleta verde en la que ha puesto su corazón, compitiendo con su amigo Abdullah.

La voz adopta diversas inflexiones culturales, pero es fácilmente identificable. Una niña en el umbral de convertirse en una mujer joven ve aquello a lo que se está enfrentando y dice lo que ve. Al igual que el niño pequeño en el cuento de Andersen, que dice que el emperador está desnudo. Conocemos esta voz salvaje.

En la novela de Charlotte Brontë, cuando la tía Reed le dice a Jane que «los defectos de los niños deben ser corregidos», Jane le grita de vuelta «violentamente», en una voz elevada y salvaje: «¡Yo no soy una mentirosa!».[15] Y ese es precisamente el asunto. Siendo honestas y directas, las voces de los niños deben ser corregidas o desestimadas como pueriles, ingenuas o equivocadas, estúpidas o locas. De otro modo, habría que hacerse cargo de lo que dicen. Con todo, una vez que la corrección está hecha o la voz se repliega al silencio, poca gente pregunta: «¿Dónde quedó esa voz honesta?».

Millones de lectores leyeron el diario de Ana Frank sin darse cuenta de que no estaban leyendo, en rigor, el diario real de Ana, sino una versión que la propia Ana había editado. Me incluyo a mí misma entre quienes, al leer lo que creíamos que era el diario real, nunca dejamos de preguntarnos: ¿qué será lo que falta? La voz editada sonaba a la voz de Ana y, después de todo, la propia Ana había hecho la edición.

Aun así, como ocurre con un fósil preservado en ámbar, disponemos del diario real de Ana, el cual fue rescatado por Miep Geis, una de los salvadores de la familia Frank, quien rescató del entresuelo del anexo secreto, después que los nazis se hubieron marchado, las páginas del diario real junto a la versión editada por Ana, las conservó y se las entregó al padre de Ana cuando este regresó de Auschwitz. En lugar de ser borrada por la historia o perderse en su fragor, la edición que Ana hizo de su propia voz fue conservada y publicada en una pesada «edición crítica» en la que pueden leerse, una debajo de la otra, tres versiones de la mayoría de las entradas del diario (algunas se perdieron para la historia y Ana no había llegado del todo al final de su labor de edición cuando los nazis irrumpieron en el escondite). Pero, en su mayor parte, disponemos del diario tal y como Ana lo escribió verdaderamente, el diario tal y como Ana lo editó y el diario como lo editó su padre, la versión publicada por primera vez, vale decir, la versión del diario que la mayoría de nosotros leímos.

En marzo de 1944, Ana escuchó en la Radio Oranje, que transmitía desde Londres para los Países Bajos, que el gobierno neerlandés en el exilio tenía planes de crear un museo de la guerra después del conflicto. Estaban interesados en diarios, cartas y colecciones de sermones que mostrarían cómo hizo el pueblo neerlandés para seguir adelante con su vida en las condiciones extremas de la guerra. El sueño de Ana era convertirse en una escritora famosa y esta era su oportunidad.

Entre mayo y agosto de 1944, reescribió más de trescientas páginas de su diario, con el ojo puesto en la opción de que fuera elegido para el museo.

¿Qué fue lo que dejó fuera? Su placer íntimo con su cuerpo cambiante y sus «dulces secretos», su conciencia respecto a la hipocresía del mundo adulto, especialmente cuando se hablaba de pureza y matrimonio («solo palabras huecas») y una omisión que me tomó por sorpresa: en su edición suprimió la alegría de estar con su madre, la cercanía con su madre y hermana («Mami, Margot y yo estamos de nuevo gordas como ladrones»). Ana sabía lo que la gente esperaba que una «niña pequeña» supiera, cuáles de sus sentimientos y pensamientos resultarían aceptables, y quería que su diario fuera escogido. Su placer con su propia sexualidad y su aguda percepción de la hipocresía adulta no eran aceptables, y tampoco su cercanía con su madre y su hermana. En cambio, la frialdad hacia su madre era adecuada.[16]

El brillo de la disociación, en tanto respuesta al trauma, es que aquello que se disocia y es apartado de la conciencia no se pierde. La asociación —la corriente de la conciencia y el toque de una relación— puede desbloquear la disociación, trayendo de vuelta a la conciencia lo que ha sido apartado de la misma. Cuando ello ocurre, tenemos la sensación de saber algo que nos resulta a la vez familiar y sorprendente, algo que sabíamos y, aun así, no sabíamos que sabíamos.

El estudio realizado con niñas es la pieza central del tríptico porque fueron ellas, cuando narraban su experiencia al alcanzar la madurez, las que primero llamaron nuestra atención hacia una traición del vínculo que estaba estipulada culturalmente, en una situación en que las apuestas eran elevadas (la identidad y la inclusión estaban en juego). Las niñas aludían a la paradoja a la que se enfrentaban: el precio de tener relaciones era el de renunciar a la relación a través del silenciamiento de una voz honesta. Los terapeutas que trabajan con mujeres han escrito sobre este sacrificio paradójico de la relación en beneficio de tener relaciones,[17] pero fue el estudio sobre el desarrollo de las niñas el que mostró que este sacrificio estaba arraigado en un proceso de iniciación que es culturalmente guiado, moralmente estipulado y socialmente impuesto.

La iniciación parte con los niños. En *When Boys Become Boys* [*Cuando los niños se convierten en niños*] —el primer panel del tríptico— Judy Chu deja registro de lo que llegó a enterarse al escuchar a niños de entre cuatro y cinco años, advirtiendo evidencias de su resistencia a convertirse en un «niño» en su ocultamiento estratégico de su empatía y anhelo de cercanía. Contrariando las descripciones habituales de los niños como relacionalmente torpes, Chu dejó registros de la sagacidad relacional de los chicos. Sus capacidades relacionales no están perdidas, escribe Chu. «Más bien, la socialización de los niños, orientada hacia construcciones culturales de la masculinidad que son definidas en oposición a la feminidad, parece imponer sobre todo una escisión entre lo que los niños saben (por ejemplo, de sí mismos, de sus relaciones y de su mundo) y lo que muestran».[18]

Tras ganarse la confianza de los niños, Chu se entera de la existencia del «equipo Malo»: «Un club creado por los niños, para los niños y con el propósito declarado de actuar contra las niñas». El equipo Malo establecía una masculinidad definida en oposición a la feminidad, asociada con ser bueno y agradable, y como su opuesto. Así, la principal actividad del equipo Malo era, en palabras de uno de los niños, «molestar a la gente».[19]

Chu observa que precisamente las capacidades relacionales que los niños aprenden a blindar al convertirse en «niños» —esto es, la empatía y la sensibilidad emocional que les permite leer el universo humano que los circunda con tanta exactitud y sagacidad»— son esenciales si quieren implementar la cercanía que ahora buscan con otros niños. Con todo, al embotar o encubrir tales capacidades con miras a consolidarse como uno de los niños, ellos mismos hacen que esa cercanía sea inalcanzable.

Al escribir desde el punto de vista más abarcador de la mediana edad, en el epílogo a su libro *Thirteen Ways of Looking at a Man* [*Trece formas de considerar a un hombre*], el psicoanalista Donald Moss evoca la iniciación de la que Chu fue testigo.[20] Cursaba él su primer año de primaria y era su turno de liderar a la clase para cantar la canción que, de todas las que había aprendido ese año, era su preferida (preferencia que los niños debían mantener en secreto). En la mente de Moss no había la menor duda de cuál elegiría. La canción que él amaba, «la más bella canción que había oído nunca», era la canción de cuna de *Hansel y Gretel*: «Cuando por la noche me voy a dormir, catorce ángeles velan por mí». Aun así, al ver la perplejidad en los ojos de los niños de la primera fila cuando comenzó a cantar «la canción de cuna», rápidamente hizo un viraje. «Es broma», les dijo. Y agregó que su canción favorita, esa con que lideraría la interpretación grupal, era el himno de los marines: «Desde los salones de Moctezuma hasta las playas de Trípoli».

Para Moss, esto fue un acto de «traición». Había traicionado a sus ángeles y actuado «deslealmente» con ellos; había «renunciado a ellos en público y continué haciéndolo durante muchos años». El saldo, escribe él mismo, fue «la melancolía, ligada a la conciencia del niño» de que «lo que está haciendo "en realidad" con ese viraje fatídico hacia afuera, es conservar y simultáneamente traicionar su amor original por los ángeles, afirmar y negar su nuevo amor por los niños». En esta traición de lo que es correcto, «él y los niños se unen para buscar en otro lugar los ángeles con los que todos pueden haber contado alguna vez».[21]

El daño moral era una traición al amor.

LAS LEYES DEL AMOR

En un párrafo a menudo soslayado, a mitad de la novela *Ana Karenina* de Tolstói, escuchamos la silenciosa voz de Karenin entendiendo el hecho de «haber ignorado sus propios sentimientos hasta que se enfrentó con la enfermedad de su esposa».[22]

Al igual que Hawthorne en *La letra escarlata*, Tolstói nos conduce al territorio donde imperan las leyes del amor, noción acuñada por Arundhati Roy para designar las leyes que establecen «a quién debiera amarse. Y cómo. Y cuánto».[23]

En la novela de Hawthorne, la palabra «patriarcal» aparece en repetidas ocasiones —«personaje patriarcal», «privilegio patriarcal», «diácono patriarcal»— junto a un retrato del «padre de la Aduana, el patriarca», que «carecía de alma, corazón y cerebro». Parecido a Karenin, otro funcionario de gobierno.[24]

Los personajes principales, Ana Karenina y Hester Prynne, son tan deslumbrantes que nuestra mirada se fija en ellas. Estas dos mujeres vibrantes se destacan entre las «buenas esposas», que son seres grises y están silenciadas en comparación con ellas. Ana y Hester transgreden las leyes del amor, guiadas por una «pasión sin ley». Y buscamos saber qué les ocurre. Es casi como si fueran señuelos para distraernos de lo que Tolstói y Hawthorne están mostrándonos acerca de los costos que el patriarcado exige de los hombres. Los nombres de los principales personajes varones de Hawthorne

—Dimmesdale y Chillingworth— nos brindan algunas claves al respecto. Con todo, la «A» escarlata de Hester llama tan poderosamente nuestra atención que bien podríamos olvidarnos de lo que esos apellidos sugieren: un hombre natural —el señor Dale— se ha vuelto opaco, y un hombre de valor se ha vuelto espeluznante. ¿Cómo ha ocurrido esto?

Tolstói nos lleva al núcleo del problema. Ana debe dar a luz al niño que ha concebido con Vronski, su amante. Moribunda, le envía un telegrama a su esposo rogándole que vaya y la perdone para que pueda morir en paz. Él asume que es una treta y solo siente desprecio por ella, aunque le inquieta el hecho de que si no va y ella muere, «no solo seré tachado por todos de inhumano, sino que procederé estúpidamente».[25] Así que acude.

Los lectores olvidan a menudo o no absorben del todo el hecho de que, en esta encrucijada de la novela, Karenin le ofrece a Ana tanto su libertad como su hijo. Él se divorciará de ella y, cargando sobre sí mismo la vergüenza, hará posible que ella se reintegre a la sociedad y mantenga a Seriocha consigo.

Tal y como resulta todo, Ana no acepta la oferta.

Su decisión no se nos explica. En una novela en que se nos dice hasta lo que el perro piensa, el rechazo de Ana a asumir su libertad, un gesto que habrá de sellar su destino, nos es transmitido de manera críptica en un breve párrafo de una sola oración: «Al mes siguiente, Alexei Alexandrovitch se quedaba en su casa sin más compañía que la de su hijo Sergio. Y entretanto, Ana y Vronski se marchaban lejos de San Petersburgo, sin pensar para nada en el divorcio».[26]

Sin embargo, se nos cuenta en detalle lo que ocurrió con Karenin: «Estando en pie junto al lecho de Ana, se había dejado llevar, por primera vez en su vida, por la compasión que le inspiraban los sufrimientos ajenos, sentimientos de los que hasta entonces se había avergonzado como de una debilidad que le perjudicaba».

La alegría que lo invadió en el momento de perdonarla generosamente dio lugar no solo a que los sufrimientos se convirtieran para él en una satisfacción, sino a que gozara de una tranquilidad de conciencia y de una paz espiritual que no había conocido anteriormente. Notó que aquello que había sido hasta entonces el manantial de sus pesares se convirtió de súbito en una fuente de alegría anterior; y que aquello que antes, cuando censuraba, criticaba y odiaba, se le antojaban problemas sin solución, ahora, desde que había aprendido a perdonar y amar, eran cuestiones de una sencillez extrema y de una claridad diáfana.[27]

Ana no muere. Karenin perdona a Vronski diciéndole:

Usted puede hundirme en el barro, convertirme en la burla de todo el mundo, pero, ocurra lo que ocurra, ya no la abandonaré ni pronunciaré una palabra de reproche ni de queja. La línea de conducta que tengo el deber de seguir está trazada claramente; debo vivir con ella y con ella viviré... Ya solo una cosa tengo que decirle. Si ella vuelve a llamarlo, se lo comunicaré.[28]

¿Por qué me sorprende este pasaje? Yo había leído la novela varias veces y, aun así, no tenía recuerdos de este cambio en Karenin. No recordaba que él les ofrece la libertad tanto a Ana como a Seriocha, o que ella, frente a la oportunidad de tener lo que tanto había anhelado —un divorcio y a su hijo— había seguido adelante «sin pensar para nada en la idea».[29] Tuve que preguntarme: ¿cuál fue mi propia ganancia al ver a Karenin como un individuo simplemente frío y sin corazón, y percibir la tragedia de Ana como inevitable? ¿Qué era lo que me había impedido absorber las palabras de esta página? Pues lo que yo había pasado por alto no podía estar más claramente dicho en esas líneas.

Karenin se instala en la casa familiar y comienza a observar, por primera vez, a la gente a su alrededor, a la nodriza, la gobernanta y su hijo. Se lamenta de no haber prestado demasiada atención a Seriocha. Ahora «le acarició el cabello al niño con su mano». Por la niña recién nacida, «experimentaba no solo un sentimiento de compasión, sino de verdadera ternura. [...] Fue entonces cuando, sin darse cuenta, llegó a tomarle cariño». La cuidaba para que no muriera; «varias veces al día entraba en la habitación de la niña y estaba un rato sentado junto a ella», observándola atentamente. «A veces permanecía largo rato contemplando la sonrosada y mofletuda carita de aquella niñita» y «experimentaba una calma interior y una conformidad absoluta, no viendo en su situación nada de particular ni que, por lo tanto, debiera modificarse».[30]

Pero «a medida que pasaba el tiempo, iba advirtiendo que aquella situación que parecía tan normal pronto cambiaría. Veía que, además del impulso divino que guiaba su alma, había otra fuerza, más poderosa aún, que guiaba su vida y que no le permitiría gozar de la paz que tanto deseaba. Se daba cuenta de que todos lo miraban con una expresión de extrañeza y una atención escrutadora, que no lo comprendían y que esperaban que tomase alguna resolución».[31]

En un tramo de quince páginas, Tolstói reitera su descripción de esta fuerza que guiaba la vida de Karenin —una fuerza implacable, poderosa, misteriosa—, como para asegurarse de que permanezca en nuestras mentes, al igual que los dientes fuertes y blancos de Vronski. Enfrentado a esta fuerza, Karenin se siente impotente. «Se sentía débil y sabía que su debilidad y la oposición de todos le impedirían llevar a cabo sus buenos propósitos —aquellos propósitos que él consideraba naturales y lógicos—, obligándole, en cambio, a hacer aquello que a su juicio era erróneo e injusto, pero que los demás juzgaban como cosa inevitable y sujeta a las leyes de la vida».[32]

Los elementos que a Karenin le parecían «naturales y lógicos» eran, a los ojos del mundo, malos e inapropiados. Una fuerza implacable, poderosa, misteriosa que, «a pesar de todos sus razonamientos y de todas las aspiraciones de su alma, lo obligaba [...] a someterse a las necesidades materiales de la vida». Eso provocaba que se sintiera avergonzado de «ese sentimiento de tierna compasión que el sufrimiento de otra gente evocaba en él» y lo considerara una «debilidad perniciosa».

Nos enteramos de que Karenin fue huérfano, y su infancia, desoladora. Podemos considerar su búsqueda de una buena posición y su apego al honor como un intento de llenar ese vacío. Ha sido un hombre temeroso de la emoción, privado de amor, avergonzado de su propia humanidad. Hasta que repentinamente —una palabra a su vez reiterada en este pasaje— su corazón se ha abierto.

Y le escribe a Ana: «Dime qué es lo que necesitas para vivir feliz y en paz. Me entrego por entero a tu voluntad y a tu espíritu de justicia».[33] Repentinamente, se han completado los dos como seres humanos: Karenin con sentimientos de tierna compasión, Ana con voluntad y sentido de la justicia.

Pero el mundo está regido por una fuerza implacable. Karenin sabe de antemano que se verá «obligado a hacer lo que es malo». La traición a lo correcto es aparentemente inevitable. Aun así, se ha infiltrado la confusión, pues lo que él consideraba una debilidad perniciosa y vergonzante le parece ahora algo natural y benéfico. No se nos dice por qué Ana abandona la idea del divorcio y de tener a su hijo con ella. Simplemente lo hace.

Sabemos que esta historia no puede terminar bien.

5
EN UNA VOZ DIFERENTE: SEGUNDO ACTO

Voy en un vuelo de regreso a casa luego de unas vacaciones en familia y veo que, entre las películas disponibles a bordo, está *El hilo fantasma* de Paul Thomas Anderson, protagonizada por Daniel Day-Lewis. Decido verla. Mientras lo hago, no recuerdo haberme sentido nunca tan inquieta por una película, tan desestabilizada por las reacciones que provoca en mí. Me siento tentada de pararla. El filme me induce a reaccionar de una forma que reconozco y me parece familiar, y luego trunca esa reacción. Abandono el avión sintiéndome irritada e incómoda.

Durante la semana posterior dicto una clase magistral en Bruselas y, en el vuelo de regreso, *El hilo fantasma* sigue proyectándose a bordo. Por razones que no entiendo muy bien —la razón podría ser simplemente Daniel Day-Lewis— me siento compelida a verla de nuevo, pero esta vez sé lo que estoy viendo y mi reacción se transforma en asombro. Que esta película se hiciera, que se proyecte en un avión y que fuera dirigida por un hombre heterosexual, todo eso me impacta como algo profundamente esperanzador. Cuando mi esposo me pregunta por qué es relevante su condición heterosexual, no puedo explicarlo. Pero, para entonces, tengo ya dos ejemplos adicionales de películas estrenadas el mismo año y que fueron escritas y dirigidas por hombres heterosexuales: *El reverendo*, de Paul Schrader, y *El infiltrado del KKKlan*, de Spike Lee, dos películas que reconozco como precursoras. Para mí, señalan un nuevo acto en el drama de *En una voz diferente*: un acto en el que somos testigos de la audacia del amor y del cuidado.

PAUL THOMAS ANDERSON: *EL HILO FANTASMA*

En una entrevista con Terry Gross en *Fresh Air*, Anderson, que vive con la actriz y comediante Maya Rudolph (que fue una estrella de *Saturday Night Live*), contó que la inspiración para *El hilo fantasma* provino de su propia experiencia.

El incidente en cuestión ocurrió cuando se enfermó de una gripe tan severa que se le hizo imposible hacer lo que siempre había hecho, es decir, «seguir dándole». Obligado a bajar las revoluciones, sin más opción que meterse a la cama, necesitó que su compañera cuidara de él, y así fue. Con todo, quedó desconcertado cuando ella le dijo: «Oh, me gustas así, como ahora», queriendo decir, según él lo explica, vulnerable y abierto. Para él, fue una revelación.[1]

En la película, Reynolds Woodcock (Day-Lewis) es un renombrado diseñador de moda que hace vestidos para mujeres de alcurnia y de la realeza. Es elegante y buenmozo, un hombre obsesionado consigo mismo, consumido por su talento. Day-Lewis trabajó cercanamente con Anderson en la creación del guion; al igual que Anderson, él también tiene una dilatada relación con una mujer fuerte, la directora fílmica Rebecca Miller. Como sendos padres de sendos hijos, se puede decir que ambos hombres están inmersos, o cuando menos implicados, en lo que significa y requiere convertirse en un hombre.

Al inicio del filme, vemos a Woodcock despachar un elaborado vestido a una de sus aduladoras y pudientes clientas. Exhausto, esa noche conduce al campo. Por la mañana, va a una pequeña posada campestre a desayunar, donde conoce a Alma, una camarera. Ella tropieza y se sonroja al aproximarse a su mesa y nos damos cuenta de la atracción que él experimenta; ve algo en ella y la invita a cenar. Pero, como también apreciamos, Alma lo ve a su vez a él. En la hojita de papel que le da con su número, ella ha escrito: «Para el niño hambriento».

Lo que sigue es predecible: Alma se transforma en la musa de Reynolds, su modelo y su amante, la última en una retahíla de mujeres que lo tientan, a las que él toma y desecha cuando empiezan a parecerle aburridas o irritantes, o cuando se transforman en una distracción e interrumpen su rutina. Pues, como su apellido sugiere, Woodcock es un hombre de cierta rigidez. Lo cual no impide que Alma se muestre autoasertiva: desde un principio le dice que, en una competencia de miradas, ella saldría triunfante y resulta cierto: al final, su mirada es la que más aguanta.

El hilo fantasma que recorre todo el filme —lo vislumbramos brevemente al inicio, lo perdemos de vista luego y después lo vemos de nuevo al final— es que Alma es la protagonista de la película, y la historia es su propia historia sobre Reynolds. En el tramo inicial y en el final de la película, la vemos contándoselo a un hombre que, en el transcurso de la historia, llegaremos a saber que es un médico. Ella es, a la vez, la protagonista en el sentido de que inicia la acción en torno a la cual gira la trama del filme, acción que lleva a Terry Gross a preguntarle a Anderson: «¿Usted aprueba lo que ella hace?».

Esta es la pregunta inquietante, la pregunta ética. «Me fascina», responde Anderson al respecto. Y explica que lo que él aprueba es el amor. Agregando que Reynolds «ve algo en ella... que nunca ha visto antes en nadie», «está reaccionando a un tipo de audacia de ella que le resulta verdaderamente atractiva» y que, cuando se ponga en juego, va a suponer un «acto gigantesco y enorme... para él de sentirse dominado y cuidado», un acto que «lo devuelve a ese amor que claramente siente por ella». Y esa es la inquietante revelación que sufre.

Cuando menos en un sentido, es obvio. En la medida que Reynolds siga sumido en la rigidez y en control de todo, no será capaz de sentir ni manifestar su amor. Lo que no es tan obvio al principio es que el gesto de liberar lo que de otro modo sigue prisionero —el corazón de Reynolds y, más específicamente, su amor por ella— supone a la vez un acto de audacia por parte de

Alma. De audacia en el sentido de que involucra un riesgo y, a la vez, lo fuerza a renunciar al control. Aquí radica lo que, según creo, vuelve relevante la heterosexualidad de Anderson (y de su *alter ego* Reynolds), pues, como hombre heterosexual, se podría decir que tiene todo que ganar al permanecer al control y mantener su posición dominante. Y, además, la audacia no es un término que asociemos comúnmente con el amor y el cuidado.

Quiero hacer una pausa por un momento para registrar el uso que Anderson hace de la palabra «cuidado» en este contexto y su vinculación del cuidado que Alma le brinda a Reynolds con la toma del control por ella y el dominio sobre él. Reynolds jamás dejaría ir el control y nunca se permitiría volverse vulnerable; así, nunca podría acceder a su amor o permitirse sentirse cuidado por ella. En el curso de la película, Reynolds llega a reconocer, así como a aprobar, lo que ella lleva a cabo y, al final, es esto lo que hace al filme de Anderson a la vez tan extraordinario y desafiante.

Sigamos adelante. Alma ve que el interés de Reynolds por ella está menguando. A él le irrita el ruido que ella hace en el desayuno cuando unta de mantequilla su tostada. Ella contraataca diciendo que ese es problema de él, pero, como él ya le dijo a su predecesora: «No puedo comenzar mi jornada con una confrontación. Simplemente, no tengo tiempo para confrontaciones». Todos vemos el mal augurio: Reynolds se está preparando para desembarazarse de Alma. Su hermana Cyril hará el trabajo sucio por él, despachándola con un vestido como compensación.

Anticipando esta jugada, Alma decide tomar riendas en el asunto. Va a preparar una cena romántica solo para los dos. Le preparará un martini, cocinará espárragos y, de ese modo, le demostrará su amor. Cyril es cautelosa y trata de disuadirla, pero Alma sigue adelante con su plan, que le estalla en la cara. Reynolds está furioso, preso de un furor gélido. Ella ha alterado su rutina y, además, no ha preparado los espárragos de la forma que a él le gustan. «¿Eres acaso una agente especial enviada aquí para arruinar la velada y posiblemente mi vida entera? ¿Quién eres? ¿Llevas un arma?».

Ella responde que no podía tolerar quedarse a la espera de que la despachara lejos. Su posición era insostenible. Nosotros lo vemos, pero Reynolds se muestra inconmovible. Y en silencio le decimos a ella: ¡déjalo!

No es lo que hace. En lugar de eso, ve lo que él no puede permitirle que vea y actúa de acuerdo a lo que percibe: Reynolds no es solo un niño hambriento sino, además, un hombre que ama y vive detrás de una barricada de constreñimientos, un hombre atrapado en una especie de elegante cautiverio. Enfrentada a su inminente rechazo, Alma reconoce que el amor de él ha quedado cautivo no solo del fantasma de su madre muerta, sino también de su rígida masculinidad. Al identificar la toxina, encuentra el antídoto.

El filme adopta la cualidad de un cuento de hadas cuando vemos a Alma dirigirse a los bosques. En su entrevista con Terry Gross, Anderson explica que había estado leyendo historias de fantasmas, así como cuentos de hadas, los cuales, gracias a sus cuatro hijos, andaban dando vueltas por toda la casa. Vemos a Alma en la cocina estudiando detenidamente un libro sobre setas, mirando las ilustraciones. La vemos en los bosques recogiendo una seta de color amarillo y marrón que reconocemos como venenosa. La vemos raspar la cáscara y pesar cuidadosamente los gramos. Le está preparando un té a Reynolds. Lo vemos a él enfermarse de manera violenta.

¿Usted aprueba lo que ella hace?

En una escena posterior a su padecimiento a la enfermedad, Reynolds, ataviado con una bata de lana sobre su pijama, se sienta con Alma en el sofá donde ella ha pasado la noche. Ahora, por primera vez, le dice lo que antes no podía decir. Le dice a Alma que la ama. Y le pregunta si se casaría con él. Entonces la vemos a ella observándolo, dirigiéndole una prolongada mirada. Debe tener claro lo que está viendo. Sí, dice. Sí, lo hará.

¿Usted aprueba lo que ella hace?

La historia tiene un final de cuento de hadas. Alma y Reynolds tienen un bebé. Están los dos en el parque y Cyril, la hermana de Reynolds, está sentada en un banco; la vemos meciendo el cochecito del bebé mientras Reynolds y Alma pasean juntos por un sendero. Pero todo esto es narrado por Alma. Sentada en un sillón y hablándole al médico, le cuenta de Reynolds y de la vida que han creado juntos. Una vida de abundancia que los abarca a los dos, incluyendo la devoción de él por el trabajo y el amor de ella por el juego. No fue la cena romántica, sino la seta venenosa el elemento crucial de la intervención. Un antídoto encontrado en la naturaleza contra algo tóxico de la cultura, un acto de audacia a la vez arriesgado y liberador, salvando al amor de una masculinidad que lo aprisiona.

PAUL SCHRADER: *EL REVERENDO*

Paul Schrader cita a Ingmar Bergman y su película *Luz de invierno* entre las fuentes de inspiración para su cinta *El reverendo*, centrada asimismo en un pastor que ha perdido la fe. El pastor es Ernst Toller, y Schrader hace la conexión con Donne: «Nunca preguntes por quién doblan las campanas; doblan por ti». Bien podría ser el eslogan del movimiento ambientalista, que es un factor protagónico y central en el filme. Schrader explica que hizo la película porque, habiendo arribado a la setentena, se dijo: «Es hora de escribir ese guion que juraste no escribir nunca».[2]

Miembro de una familia de tradición militar, Toller ha sido capellán en el Instituto Militar de Virginia y alentado a su hijo para que se enliste en los marines, pero cuando ese hijo muere en la guerra de Irak, Toller queda hecho pedazos. Su fe es desafiada y abandona la academia militar; además, deja atrás su matrimonio. Se convierte en pastor de la Primera Iglesia Reformada, un culto que es una reliquia histórica y ahora sobre todo una atracción turística, como adjunto a una floreciente megaiglesia con su efervescente pastor negro.

Allí, Toller vende tarjetas postales en la tienda de *souvenirs* y hace misa para la poca gente que acude los domingos. Entre esas personas, un domingo aparece una joven pálida que lo espera después de la misa. Está embarazada. Su nombre es Mary. Le explica que su esposo insiste en que no puede tener al bebé. ¿Podría el reverendo Toller hablar con él?

Toller conduce hasta la casa para descubrir al esposo pegado a su computador. El hombre abruma al reverendo con un gráfico tras otro en que anticipa el desastre medioambiental. ¿Cómo se podría siquiera pensar en traer a un niño a esto? «¿Podrá Dios perdonarnos por lo que le hemos hecho al mundo?», pregunta. Toller no tiene la respuesta. «¿Quién puede conocer la mente de Dios?», dice.

El marido se va al bosque y se pega un tiro. Toller encuentra el cuerpo. Cuando el pastor de la megaiglesia organiza un festejo para marcar los primeros doscientos cincuenta años de la Primera Iglesia Reformada, el cual es patrocinado por una empresa de combustibles fósiles, algo queda claro: Toller ha llegado al límite de su aguante. Mientras observamos a la multitud reunirse para la celebración en la histórica iglesia, vemos a Toller en su cuarto de la planta superior hurgando en busca del cinturón explosivo que ha tomado del hogar del ambientalista. Le vemos atárselo con sus correas bajo sus ropas. Y abrir una botella de líquido para desatascar desagües y servirse una copita.

En una entrevista, Schrader habla del final:

> Se bebe la copa [del líquido] y ahora está allí agonizando. Y entonces Dios acude a él —ese Dios que no le ha hablado en toda la película— cuando está a cuatro patas sobre el piso agonizando, entonces Dios camina hacia él y le dice: «Reverendo Toller, ¿le gustaría ver qué aspecto tiene el cielo? Yo se lo voy a mostrar ahora mismo. Voy a abrir las puertas y usted verá a qué se parece. Se parece a un beso único y prolongado y muy suave». Tras lo cual, Toller se descubre en el cielo.

«Es un momento inesperado», explica Schrader, «que lo deja a uno pensando: vaya, ¿qué es lo que acabo de ver?».

Lo que vemos es que Mary está con él. Repentinamente, está en el cuarto junto a Toller y ambos experimentan la fuerza plena de su amor y eso lo libera. No sabemos bien si lo que observamos está sucediendo en ese cuarto menor con sus paredes blancas y el piso de madera y la luz invernal entrando por las paredes, o si en la mente de Toller mientras agoniza, o si están, de hecho, en el cielo, pero al final poco importa. Puesto que Schrader ha hecho una película para mostrar que, enfrentados a una fatalidad inminente, solo contamos con una respuesta: el amor. Schrader lo creía así, pero había jurado que nunca lo diría.

SPIKE LEE: *BLACKkKLANSMAN*

BlacKkKlansman [*El infiltrado del KKKlan*]. El título me llamó la atención y la vi. Spike Lee nos conduce al corazón de la supremacía blanca, el KKK, pero la segunda «k» representa también un puente que une «negro» (*Black*) con «hombre del Klan» (*Klansman*). ¿Un hombre negro en el Klan? El hecho ocurrió de verdad. En los años setenta, en Colorado Springs, Ron Stallworth se convirtió en un pionero en la policía de Colorado Springs, tal y como lo describía el jefe; en el primer hombre de raza negra en unirse a la fuerza policial. Tras convertirse en detective, pasó a ser un policía encubierto y se unió al Klan. Suena improbable, pero es cierto.

En el relato de Lee sucedió del siguiente modo. Un anuncio en el diario local dice que el Klan está buscando nuevos reclutas. Stallworth coge el teléfono y disca el número que aparece en el anuncio. «Dios bendiga a la América blanca», dice en el mensaje que deja en el contestador. Por error, también deja su verdadero nombre. El Klan lo llama inmediatamente de vuelta. Sus miembros no tienen el menor indicio de con quién están hablando. Al hablar con fluidez la jerga de los negros y también el inglés oficial, Stallworth alterna entre ambos códigos. Pero cuando le dicen que quieren conocerlo, Ron Stallworth empieza a requerir un rostro blanco. En el filme de Lee, el policía blanco que se hace pasar por Stallworth encubierto es Flip Zimmerman, un judío.

Vi la película en un cine de Oak Bluffs, la comunidad veraniega, en gran parte afroamericana, que se encuentra dentro de una isla, Martha's Vineyard, que es en gran parte blanca y que fue originalmente habitada por los wampanoags, un pueblo nativo americano. Dejo constancia de mi incomodidad al visualizar la toma inicial, una escena de *Lo que el viento se llevó* en que se ve a Scarlett O'Hara abriéndose paso entre los cuerpos de soldados de la Confederación muertos y heridos en las calles de Atlanta, seguida de imágenes en blanco y negro antiguas donde aflora un monólogo lleno de tropiezos de un segregacionista, en que explica el llamado fundamento científico de la supremacía blanca. Pero, aun a medio camino en la historia verídica, cuando el negro Ron Stallworth le pregunta a Flip Zimmerman, su contraparte blanca y judía: «¿Por qué actúas como si tu piel no contara en el juego?», mi incomodidad se desvanece.

Fue decisión de Lee hacer que el poli blanco fuera judío (en los recuerdos de Stallworth, no lo era), y esto me impresiona de partida como una valerosa jugada de parte del director, dadas las tensiones existentes entre negros y judíos. Alcanzo a verlo como parte de un patrón más amplio por medio del cual Lee desafía lo que él llama el «Okidoki», esas cosas a las que inconscientemente damos nuestro consentimiento. Y reconozco que, especialmente ahora —cuando, en palabras del propio Lee, estamos sumidos como país en «una demencia pura y sin diluir»—, su película está, como le explica a un periodista, dirigida a Estados Unidos para preguntarles: «¿Por qué no despiertan?».

¿Por qué actúas como si tu piel no contara en el juego?

En *BlacKkKlansman*, el director plantea el debate de violencia versus respuestas no violentas a la violencia del racismo, como una discusión entre la gloriosa Patrice, a la cabeza de la Unión de Estudiantes Negros del Colorado College, y Stallworth, el policía encubierto. Patrice es la anfitriona del mitin en honor a Stokely Carmichael, líder de los Panteras Negras: presenta a Carmichael por su apodo de guerra, Kwame Ture; levanta su puño arengando al Poder Negro; para ella, todos los polis son unos «cerdos». Stallworth se siente atraído por Patrice, alzando a la vez su puño en una aceptación a medias del mensaje de ella, pero está asistiendo al mitin como detective asignado para husmear y evitar eventuales estallidos de violencia. Y es Stallworth, trabajando de manera encubierta con el Klan, quien al final salva a Patrice de la bomba destinada a matarla: la bomba que había sido puesta por la esposa de uno de los hombres del Klan. Negro/blanco, negro/judío, hombre/mujer..., ninguno de estos binarismos queda sin ser desafiado.

Lee lanzó su película en el verano de 2018, en el primer aniversario de la manifestación de Charlottesville. La había terminado con filmaciones de Charlottesville que mostraban a supremacistas blancos marchando y portando la esvástica, a lo que seguía una fotografía de Heather Heyer, la mujer blanca asesinada por el supremacista blanco que arremetió con su auto contra los manifestantes.

«Puede que no todos los blancos sean racistas», le dice Lee a uno de los periodistas que lo interrogan, «el *racismo* es lo que nos hace blancos».[3] Puede que no todo hombre sea un patriarca, pero el patriarcado es lo que nos hace hombres. Como Anderson y Schrader, Lee es un hombre heterosexual; también tiene una larga relación con una mujer fuerte, Tonya Lewis Lee, productora de cine y televisión, escritora y defensora de la salud de mujeres y niños. Él también es padre de un hijo. Por más énfasis que adquieran las palabras «negro» y «Klan», el término «hombre» es también parte del título. Y en su película, es Ron Stallworth, el hombre negro del Klan, quien adopta una posición contra una virilidad predicada sobre la base de la supremacía blanca, una hombría apuntalada por la violencia.

Entre las revelaciones más profundas a las que he arribado en el curso de mi labor está que los requisitos del amor y los requisitos para gozar de la ciudadanía en una sociedad democrática son los mismos. Ambos dependen de que tengamos una voz, de la capacidad de comunicar nuestra experiencia y de nuestro anhelo de vivir en relación, no solos o amurallados en el silencio. Con el cambio de paradigma que se ha estado difundiendo a través de las ciencias humanas desde mediados de los años setenta, podemos formular nuevas preguntas respecto a la ética y la política, pues, como ahora prueba la evidencia, todos (refiriéndome a los humanos) somos seres intrínsecamente relacionales y sensibles, nacidos con una voz y el anhelo de interactuar de manera responsable con los demás. Ya no tiene sentido preguntar cómo alcanzamos nuestra humanidad. En lugar de ello, la pregunta se convierte en: ¿cómo es que la perdemos?

Lo que me impactó y llenó de esperanza en 2018, junto al número y la diversidad sin precedentes de mujeres nombradas para el Congreso en la elección celebrada a mitad de camino hasta las siguientes presidenciales, fue que tres hombres heterosexuales, todos cineastas comerciales de la disciplina, habían asumido el desafío establecido en *En una voz diferente*, a saber, la necesidad de una voz humana que contrarreste la voz patriarcal que constriñe nuestra humanidad. Los tres asumen el llamado a replantear la concepción del cuidado y dan un paso más al reconocer la audacia que hay en el propio cuidado y el riesgo que implica en sí mismo: es la audacia del amor.

En una voz diferente: segundo acto. Lo que inicialmente sonaba como una historia de la mujer puede ser ahora reconocida como una historia simplemente humana (*¿Por qué actúas como si tu piel no contara en el juego, hermano?*); la voz diferente es una voz que ayuda por oposición; es una voz de resistencia, profundamente inquietante (*¿Usted aprueba lo que ella hace?*), creándonos inseguridad respecto a lo que estamos viendo (*¿Está este amor ocurriendo en tiempo real o es una fantasía?*) y conciliando los que hasta entonces eran vistos como opuestos irreconciliables o traspasando límites impermeables: negro y blanco, negro y judío, hombre y mujer, masculino y femenino, militante y no violento, audaz y considerado.

EPÍLOGO
LA ÉTICA DEL CUIDADO

Han pasado cincuenta años desde que John Berger escribiera: «Nunca más se volverá a contar una sola historia como si fuera la única». Han pasado cuarenta años desde que *En una voz diferente* replanteó la conversación sobre el yo y la moral como una conversación sobre una voz y los vínculos. Y han pasado veinticinco años desde que Arundhati Roy acuñara el término «leyes del amor» para aludir a las leyes que establecen quién debería ser amado (y cómo y cuánto).[1]

Recopilo ahora lo que he llegado a averiguar. La voz diferente (la voz de la ética del cuidado) es una voz humana. La traición a la relación es una traición a lo que es correcto. La ética del cuidado es una ética de la resistencia al daño moral. Las leyes del amor son un pilar del patriarcado.

Cuando escribí por primera vez la palabra «voz», en una hoja de papel amarillo, durante el verano de 1975, fue para dejar registro de «una voz distintiva»: distintiva en cuanto a «la perspectiva diferente que aporta a la elaboración y resolución de problemas morales». Había estado escuchando a las mujeres, y fue la voz de las mujeres lo que hizo derivar mi atención a esta diferencia. No pensé en la voz como en una voz de las mujeres, y sin embargo sonaba de algún modo «femenina».

Recientemente, me fue solicitado que hablara de mi experiencia al escribir *En una voz diferente*. Repasando lo que para mí era terreno conocido, quedé sorprendida de arribar a una revelación sobre algo que me había confundido por años. Se me ocurrió que yo misma había creado, sin darme cuenta, cierta tensión en el título de mi ensayo inicial, «En una voz diferente: las concepciones femeninas del yo y la moral» (1977), y el del libro que le siguió, *En una voz diferente: la teoría psicológica y el desarrollo de las mujeres* (1982). Me había sumado a la exploración de una diferencia (una voz diferente, pero... ¿diferente de qué?) en el tema de las mujeres, poniéndome así, por mí misma, en un cepo del que me ha tomado años liberarme: ¿son las mujeres diferentes? ¿Son las mujeres diferentes a los hombres? ¿Hacen las mujeres una diferencia? ¿Soy yo misma una esencialista? ¿Acaso no sé que todas las mujeres no son las mismas? ¿Acaso no sé que la raza y la clase social importan tanto o incluso más que el sexo y el género? Y así sucesivamente. De manera irónica, mi trabajo llegó a ser visto a través del prisma de las mismas comparaciones binarias y jerarquías que en principio me había propuesto desafiar.

Fueron los estudios realizados con niñas los que pusieron el tema del patriarcado en la mira. El patriarcado, con su paradoja de forzar un sacrificio de la relación en beneficio de tener relaciones. El patriarcado, con sus binarismos y jerarquías de género que fuerzan escisiones dentro de la psiquis. Tolstói tenía razón: hay una fuerza. Implacable, poderosa y misteriosa; los adjetivos por él elegidos aplican todos al caso. Esta fuerza transforma algo que parece natural y benéfico en algo considerado malo e impropio. En la novela de Tolstói, Karenin está inerme ante esta fuerza. Pero en los estudios del desarrollo individual que partieron en los años ochenta y prosiguieron en los noventa, y luego durante la centuria actual, mis colegas y yo vimos a los niños resistirse a esta fuerza y, de ese modo, esta resistencia quedó asociada a la resiliencia psicológica.

En el seminario de resistencia a la injusticia, una estudiante negra de Leyes, originaria de Brooklyn, llama «soledad» al precio que hubo de pagar por decir lo que pensaba. Tuvo que estar dispuesta a perder ciertas relaciones al ponerlas a prueba. La soledad era dolorosa, pero al final ella misma concluía que había merecido la pena aguantarla en beneficio de vínculos reales.

Es el final de la tarde a comienzos de septiembre, al inicio del año académico. Estamos recién empezando a conocernos los unos a los otros. La palabra «soledad» perdura en el aire, resonando emocionalmente. La atmósfera del seminario cambia; todo el mundo queda atento. Una estudiante blanca de Leyes, con una sudadera de una pescadería de Massachusetts, recuerda el momento en que decidió que no mantendría más relaciones al precio de no decir lo que sentía o pensaba.

Escucho atentamente, conmovida por la conciencia tan clara de estas mujeres respecto a las elecciones que han hecho sobre hablar y no hablar. Me conmuevo especialmente con una mujer que alude a la soledad como el precio que hubo de pagar por decir lo que pensaba. Porque yo misma había hecho eso: había dicho lo que pensaba: me recordaba diciéndolo: me recordaba decidiendo decirlo: y había sentido a la vez la soledad después de perder la amistad.

Las voces de las mujeres siempre han ocupado el centro de mi labor, a menudo como contrapartida a la voz que representa la teoría psicológica o la moral. En cierto punto, las voces de las niñas se impusieron, hablando de las relaciones y resistiéndose a una voz que conllevaba la autoridad patriarcal: «Lo siento», dice Neeti de doce años, «pero él tiene solo siete años... Las personas son más importantes que las normas». Estaba hablando de su nostálgico primo, diciéndoselo al director del campamento, que había impuesto la regla de no llamar a casa.[2]

Lo que sorprende de las niñas es que están en medio de nosotros. A lo largo de las épocas y las diversas culturas, desde Eurípides hasta Toni Morrison, los creadores han escuchado la voz de las niñas como una voz de resistencia. Es una voz que conocemos y que, aun así, seguimos encontrando sorprendente, porque no es la forma en que normalmente concebimos a las niñas.

Los niños están también entre nosotros y también nos sorprenden. En *Close*, un filme de 2022 escrito y dirigido por el cineasta belga Lukas Dhont, somos testigos de la cercanía emocional de dos chicos de trece años. Y luego vemos lo que sucede cuando su cercanía es cuestionada: «¿Son pareja?», les preguntan. De pronto, la hombría está en cuestión. La película ganó el Grand Prix de Cannes y Dhont explicó que, al escribir el guion, se sintió inspirado por *Deep Secrets* [*Secretos profundos*], el libro de Niobe Way, y su estudio de las amistades entre chicos adolescentes. Y le puso a su filme el título *Close* [*Cercanos*] por *close friendship* [«amistad cercana»], término que Way emplea repetidamente.

Me descubro preguntándome: ¿qué es lo que se interpone en nuestra visión de lo que es correcto, si está justo delante de nuestros ojos y de nuestra audición de voces que están entre nosotros? ¿Qué ganancia obtenemos al no escuchar las voces de las niñas como un gesto de valor o no reconocer su resistencia como una forma sana de resistencia, o al no ver la intimidad afectiva en las amistades entre chicos, o reconocer su ternura e inteligencia emocional? Estas preguntas me resultan dolorosas, en parte porque conozco los costos de no ver y no escuchar, el precio del descuido y la indiferencia. Sé que los guiones de la moral y el género pueden cegarnos ante lo obvio e impedirnos escuchar lo que es sorprendentemente accesible.

Sé que, si uno quiere escuchar la voz subyacente —la voz humana encubierta—, quizá deba interrogar a la voz encubridora:

> *Si es bueno ser empático con la gente y sensible a sus necesidades y preocupaciones, ¿por qué sería «egoísta» reaccionar ante uno mismo?*

> *¿Por qué es esa la pesadilla última [ella en los brazos de otro hombre]?*

> *¿Es cierto eso?*

> *¿Crees eso de verdad?*

> *¿Verdaderamente te sientes así?*

Como ética del vincularse, la ética del cuidado es una guía para conocer a los otros y conocerse a sí mismo. Es una guía para escuchar. Su sabiduría es psicológica: basta advertir lo que sucede cuando se reemplaza el juicio por la curiosidad.

Entonces, desde el ventajoso punto de vista del presente, se me ha vuelto posible clarificar y articular lo que no era muy posible ver o decir cuando publiqué por primera vez mi trabajo: que la «voz diferente» (la voz de la ética del cuidado), aunque inicialmente fue escuchada como una voz «femenina», es, de hecho, una voz humana, que la voz de la que se diferencia es una voz patriarcal (escúchense los reveladores binarismos y jerarquías de género) y que, allí donde el patriarcado está en vigor y se hace cumplir, la voz humana es una voz de resistencia, y la ética del cuidado, una ética de la liberación.

Hecha esta aclaración teórica, se hace evidente la razón por la que *En una voz diferente* continúa resonando con fuerza en la experiencia de las personas y, quizá de manera más crucial, sea el motivo por el que la voz diferente es una voz para el siglo XXI.

AGRADECIMIENTOS

El capítulo 3 apareció en una versión temprana con el título «Disrupting the Story: Enter Eve» [«Irrumpiendo en el relato original: Entra Eva en escena»] en el *Journal of the American Psychoanalytic Association* 68(4), pp. 675-693. Copyright © 2020 de la American Psychoanalytic Association. Reimpreso con autorización de SAGE Publications.

El capítulo 4 apareció en una versión temprana con el título «Moral Injury and the Ethic of Care: Reframing the Conversation about Differences [«El daño moral y la ética del cuidado: reformateando la conversación de las diferencias»] en el *Journal of Social Philosophy* 45(1), pp. 89-106, primavera de 2014. Reimpreso con autorización de Wiley Periodicals, Inc.

El capítulo 5 apareció en una versión temprana con el título «"In a Different Voice": Act II» [«En una voz diferente: segundo acto»] en *Los Angeles Review of Books*, 15 de marzo, 2019. Reimpreso con autorización de LARB.

NOTAS

INTRODUCCIÓN

1   S. Freud, «Some Psychical Consequences of the Anatomical Distinction Between the Sexes» (1925), en *Standard Edition of the Complete Psychological Works of Sigmund Freud*, vol. XIX, trad. y comp. J. Strachey (Londres: Hogarth Press, 1961) [Hay trad. cast.: *Obras completas de Sigmund Freud*. Buenos Aires-Madrid: Amorrortu Editores, 2013]; L. Kohlberg y R. Kramer, «Continuities and Discontinuities in Child and Adult Moral Development», *Human Development* 12(1969), pp. 93-120; E. H. Erikson, *Identity: Youth and Crisis* (Nueva York: Norton, 1968) [Hay trad. cast.: *Identidad, juventud y crisis*. Barcelona: Taurus, 1992]; J. Piaget, *The Moral Judgment of the Child* (Nueva York: The Free Press, 1932) [Hay trad. cast.: *El criterio moral del niño*. Barcelona: Fontanella, 1971].

2   C. Gilligan, «In a Different Voice: Women's Conceptions of Self and of Morality», *Harvard Educational Review* 47/4(1977), pp. 481-517; C. Gilligan, *In a Different Voice: Psychological Theory and Women's Development* (Cambridge, MA: Harvard University Press, 1982) [Hay trad. cast.: *La moral y la teoría. Psicología del desarrollo femenino*. México DF: Fondo de Cultura Económica, 1985].

3   V. Woolf, *Una habitación propia*. Barcelona: Debolsillo, 2023.

4   bell hooks, *Respondona*. Barcelona: Paidós, 2022.

5   S. Ferenczi, «Confusion of Tongues between Adults and the Child: The Language of Tenderness and of Passion», *Contemporary Psychoanalysis* 24(1988[1933]), pp. 196-206 [Hay trad. cast.: «Confusión de lenguas entre los adultos y el niño», *Psicoanálisis*, tomo IV. Madrid: Espasa, 1984, pp. 139-149].

6   M. Garcia, *We Are Not Born Submissive: How Patriarchy Shapes Women's Lives* (Princeton, NJ: Princeton University Press, 2021) [Hay trad. cast.: *No nacemos sumisas, devenimos*. Madrid: Siglo XXI Editores, 2021].

7   C. Gilligan y J. Attanucci, «Two Moral Orientations: Gender Differences and Similarities», *Merrill-Palmer Quarterly* 34/3(1988), pp. 223-237.

8   C. Gilligan y G. Wiggins, «The Origins of Morality in Early Childhood Relationships», en J. Kagan y S. Lamb (comp.), *The Emergence of Morality in Young Children* (Chicago, IL: University of Chicago Press, 1987), pp. 277-305.

9   L. M. Brown y C. Gilligan, *Meeting at the Crossroads: Women's Psychology and Girls' Development* (Cambridge, MA: Harvard University Press, 1992).

10 C. Gilligan, «Joining the Resistance: Psychology and Politics, Girls and Women», *Michigan Quarterly Review* 24(1990), pp. 501-536; véase también C. Gilligan, *Joining the Resistance* (Cambridge, Reino Unido: Polity Press, 2011).

11 N. Way, *Deep Secrets: Boys' Friendships and the Crisis of Connection* (Cambridge, MA: Harvard University Press, 2011).

12 A. Damásio, *Descartes' Error: Emotion, Reason, and the Human Brain* (Nueva York: Putnam, 1994) [Hay trad. cast.: *El error de Descartes*. Barcelona: Crítica, 2010].

13 J. Herman, *Trauma and Recovery* (Nueva York: Basic Books, 1992) [Hay trad. cast.: *Trauma y recuperación. Cómo superar las consecuencias de la violencia*. Madrid: Espasa, 2004].

14 C. Gilligan, «The Centrality of Relationships in Human Development: A Puzzle, Some Evidence, and a Theory», en K. Fischer y G. Noam (comp.), *Development and Vulnerability in Close Relationships* (Mahwah, NJ: Lawrence Erlbaum, 1996).

15 S. Nolen-Hoeksema, J. S. Girgus y M. E. Seligman, «Sex Differences in Depression and Explanatory Style in Children», *Journal of Youth and Adolescence* 20/2(1991), pp. 233-245.

16 M. H. Kingston, *The Woman Warrior: Memoirs of a Girlhood among Ghosts* (Nueva York: Alfred A. Knopf, 1976) [Hay trad. cast.: *La mujer guerrera. Memorias de una adolescente entre fantasmas*. Barcelona: El Cobre, 2009]..

17 Según *The Girls' Index*, una encuesta nacional a gran escala aplicada a más de diez mil niñas, diseñada para lograr una comprensión más profunda de las adolescentes en todo Estados Unidos, el 46 por ciento de las participantes informaba no decir lo que pensaban ni discrepar con los demás porque deseaban ser queridas. Ese porcentaje aumentaba a un 62 por ciento en aquellas niñas con un promedio de calificaciones sobre cuatro, indicativo de que, al emplear medidas tradicionales del éxito, las niñas de mejor rendimiento en Estados Unidos resultan ser las más preocupadas por la aprobación externa y de los demás.

18 C. Gilligan, *The Birth of Pleasure* (Nueva York: Knopf, 2002) [Hay trad. cast.: *El nacimiento del placer*. Barcelona: Paidós, 2002].

19 Véanse C. Gilligan y D. A. J. Richards, *The Deepening Darkness: Patriarchy, Resistance, and Democracy's Future* (Nueva York: Cambridge University Press, 2008); también C. Gilligan y D. A. J. Richards, *Darkness Now Visible: Patriarchy's Resurgence and Feminist Resistance* (Nueva York: Cambridge University Press, 2018).

20 Véanse: C. Gilligan, *The Birth of Pleasure*; C. Gilligan y N. Snider, *Why Does Patriarchy Persist?* (Cambridge, Reino

Unido: Polity, 2018); N. Way, A. Ali, C. Gilligan y P. Noguera (comp.), *The Crisis of Connection: Roots, Consequences, and Solutions* (Nueva York: NYU Press, 2018).

21 A. Roy, *El dios de las pequeñas cosas*. Barcelona: Anagrama, 2018.

22 S. B. Hrdy, *Mothers and Others: The Evolutionary Origins of Mutual Understanding* (Cambridge, MA: Harvard University Press, 2009), p. 287.

23 Véase: Brown y Gilligan, *Meeting at the Crossroads*, pp. 61-62.

24 Herman, *Trauma and Recovery*, p. 7.

1. LAS VOCES Y SILENCIOS DE LAS MUJERES

1 Joan Morgan, reseña de Kyla Schuller, *The Trouble with White Women: A Counterhistory of Feminism*, *The New York Times Sunday Book Review*, 28 de noviembre, 2021, p. 16. En octubre de 2021 apareció en Internet una versión de la reseña: https://www.nytimes.com/2021/10/05/books/review/kyla-schuller-the-trouble-with-white-women-a-counterhistory-of- feminism.html.

2 R. Igielnik, S. Keeter y H. Hartig, «Behind Biden's 2020 Victory: An Examination of the 2020 Electorate Based on Validated Voters», Pew Research Center Report, 30 de junio, 2021.

3 Para un análisis más amplio de la resistencia de Ifigenia, véase T. Hartman y C. Buckholtz, «"But I Grieve for My Mother": The Betrayal of Iphigenia and Isaac», en *Are You Not a Man of God? Devotion, Betrayal, and Social Criticism in Jewish Tradition* (Nueva York: Oxford University Press, 2014).

4 Aristóteles, *Poetics* (Nueva York: Penguin, 1997). [Hay trad. cast.: *Poética*. Madrid: Alianza Editorial, 2013].

5 M. Sullivan, «By Bearing Witness —and Hitting "Record"— 17-year-old Darnella Frazier May Have Changed the World», *The Washington Post*, 20 de abril, 2021.

6 Transcripción del discurso de Greta Thunberg en la Cumbre de Acción por el Clima de la ONU, 23 de septiembre, 2019.

7 J. Adelson, *Handbook of Adolescent Psychology* (Nueva York: Wiley, 1980).

8 Véase C. Gilligan, «Joining the Resistance: Psychology, Politics, Girls and Women», *Michigan Quarterly Review* 24(1990), pp. 501-536; C. Gilligan, «Teaching Shakespeare's Sister: Notes from the Underground of Female Adolescence», *Women's Studies Quarterly* 19(1991), pp. 31-51; C. Gilligan, N. Lyons y T. Hanmer (comp.), *Making Connections: The Relational Worlds of Adolescent Girls at Emma Willard School* (Cambridge, MA: Harvard University Press, 1989); C. Gilligan, A. G. Rogers y D. Tolman (comp.), *Women, Girls, and Psychotherapy: Reframing Resistance* (Nueva York: Haworth Press, 1991); L. M. Brown y C. Gilligan, *Meeting at the Crossroads: Women's Psychology and Girls' Development* (Cambridge, MA: Harvard University Press, 1992); J. M. Taylor, C. Gilligan y A. Sullivan, *Between Voice and Silence: Women and Girls, Race and Relationship* (Cambridge, MA: Harvard University Press, 1995); C. Gilligan, «Remembering Iphigenia: Voice, Resonance, and a Talking Cure», en E. Shapiro (comp.), *The Inner World in the Outer World* (New Haven, CT: Yale University Press, 1996); C. Gilligan, A. G. Rogers y N. Noel, «Cartography of a Lost Time: Mapping the Crisis of Connection», en N. Way, A. Ali, C. Gilligan y P. Noguera (comp.), *The Crisis of Connection: Roots, Consequences, and Solutions* (Nueva York: NYU Press, 2018), pp. 65-88.

9 Rosa Parks fue escogida por los líderes negros de Montgomery para ser el rostro del boicot a los autobuses de Montgomery porque, aun cuando Colvin fue la pionera, por la época en que tuvieron lugar los procedimientos judiciales, la adolescente estaba embarazada y, como explicó la propia Parks, la prensa blanca la hubiera tildado de «chica de mal

comportamiento» y así «su caso no hubiera tenido la menor oportunidad».

10 J. Y. Chu, *When Boys Become Boys: Development, Relationships, and Masculinity* (Nueva York: NYU Press, 2014).

11 N. Way, *Deep Secrets: Boys' Friendships and the Crisis of Connection* (Cambridge, MA: Harvard University Press, 2011), p. 242.

12 The Radical Listening Project, NYU, https://wp.nyu.edu/radicallisteningproject; C. Gilligan y J. Eddy, «The Listening Guide: Replacing Judgment with Curiosity», *Qualitative Psychology* 8/2(2021), pp. 141-151; véase también «The Listening Guide: A Contemporary Review of the Method and the Methodology», *Qualitative Psychology* 8/2(2021), edición especial, editora invitada C. Gilligan.

13 Véase Gilligan *et al.*, «Cartography of a Lost Time».

14 A. Frank, *Diario*. Barcelona: Debolsillo, 2015.

15 L. O. Rogers y N. Way, «Child Development in an Ideological Context: Through the Lens of Resistance and Accommodation», *Child Development Perspectives* 15/4 (diciembre 2021), pp. 242-248.

16 M. Garcia, *We Are Not Born Submissive: How Patriarchy Shapes Women's Lives* (Princeton, NJ: Princeton University Press, 2021) [Hay trad. cast.: *No nacemos sumisas, devenimos*. Madrid: Siglo XXI Editores, 2021].

17 *Ibid.*

18 Para la versión publicada de esta charla, véase J. Petrucelli, S. Schoen y N. Snider (comp.), *Patriarchy and its Discontents* (Nueva York: Routledge, 2022), pp. 174-205.

19 *¿Why do Patriarchy Persist?* (Londres: Polity: 2018).

20 S. B. Hrdy, *Mothers and Others: The Evolutionary Origins of Mutual Understanding* (Cambridge, MA: Harvard University Press, 2009). Véase también F. de Waal, *The Age of Empathy* (Nueva York: Harmony, 2009) [Hay trad. cast.: *La edad de la*

empatía. Barcelona: Tusquets, 2023]; M. D. Lieberman, *Social: Our Brains are Wired to Connect* (Nueva York: Random House, 2013).

21 Greta Thunberg sobre Twitter, 26 de septiembre, 2021.

22 A. Lorde, *Your Silence Will Not Protect You* (Londres: Silver Press, 2017).

23 C. Gilligan, *The Birth of Pleasure* (Nueva York: Knopf, 2002), pp. 47-53 [Hay trad. cast.: *El nacimiento del placer*. Barcelona: Paidós, 2002].

2. POR QUÉ NADIE HABLA DE LA DECISIÓN DE ABORTAR

1 V. Woolf, «Professions for Women», en *The Death of the Moth and Other Essays* (Nueva York: Harcourt Brace Jovanovich, 1942 [1931]), p. 237 [Hay trad. cast.: *La muerte de la polilla y otros escritos*. Madrid: Capitán Swing Libros, 2010].

2 L. Kohlberg, *The Psychology of Moral Development* (Nueva York: Harper and Row, 1984) [Hay trad. cast.: *La educación moral según Lawrence Kohlberg*. Barcelona: Gedisa, 1997].

3 C. Gilligan, «In a Different Voice: Women's Conceptions of Self and of Morality», *Harvard Educational Review* 47/4(1977), pp. 481-517; p. 491.

4 M. L. King, «Letter from Birmingham Jail», 1963; J. Donne, «No Man Is an Island», 1624 [Hay trad. cast.: *Devociones y duelo por la muerte*. Barcelona: Navona, 2018].

5 C. Gilligan, *In a Different Voice: Psychological Theory and Women's Development* (Cambridge, MA: Harvard University Press, 1982), p. 66 [Hay trad. cast.: *La moral y la teoría. Psicología del desarrollo femenino*. México DF: Fondo de Cultura Económica, 1985].

6 *Ibid.*, p. 71.

7   *Ibid.*, p. 100.

8   *Ibid.*, pp. 99-100.

9   S. Laugier, «Carol Gilligan: What Gender Does to Moral Philosophy», en E. Le Jallé y A. Benoit (comp.), *Thinking with Women Philosophers: Critical Essays in Practical Contemporary Philosophy* (Ginebra: Springer, 2022), pp. 8-10.

10 *Ibid.*, p. 4.

11 Wittgenstein citado en: *ibid.*, p. 16.

12 *Ibid.*, p. 3.

13 *Ibid.*, pp. 1-3.

14 *Ibid.*, p. 2.

3. ENTRA EVA EN ESCENA

1   J. Breuer y S. Freud, «Studies on Hysteria», en *The Standard Edition*, vol. II, 1893-1895 trad. y comp. J. Strachey (Londres: Hogarth Press, 1961) [Hay trad. cast.: *Obras completas de Sigmund Freud*. Buenos Aires-Madrid: Amorrortu Editores, 2013]; [Hay trad. cast.: *Estudios sobre la histeria*. Madrid: Siglo XXI Editores, 2006].

2   *Ibid.*, p. 152.

3   *Ibid.*, p. 157.

4   *Ibid.*, pp. 110-111.

5   J. Piaget, «Introduction», *The Child's Conception of the World*, trad. Joan y Andrew Tomlinson (Nueva York: Rowman & Littlefield, 2007 [1926]) [Hay trad. cast.: *La representación del mundo en el niño*. Madrid: Ediciones Morata, 2023].

6   A. Lorde, «The Master's Tools Will Never Dismantle the Master's House» (1979), en *Sister Outsider* (Berkeley, CA: Ten Speed Press, 1984), pp. 111-114.

7   Biblia Reina-Valera (1569), Gén. 3:17.

8   R. Alter, *The Hebrew Bible: A Translation with Commentary* (Nueva York: W. W. Norton, 2018), p. 16.

9   *Ibid.*, p. 17; versión del rey Jacobo, Gen. 3:17.

10 Versión del rey Jacobo, p. 2, Gén. 2:18; Nueva Biblia Inglesa, p. 3; R. Alter, *The Hebrew Bible*, p. 14.

11 T. Morrison, *Beloved* (Nueva York: Vintage, 2007 [1987]), p. 149 [Hay trad. cast.: *Beloved*. Barcelona: Debolsillo, 2014].

12 *Ibid.*, p. 148.

13 *Ibid.*, p. 86.

14 *Ibid.*, pp. 149-150.

15 C. Alter, S. Haynes y J. Worland, «Greta Thunberg. *Time* 2019 Person of the Year», *Time*, 23-30 de diciembre, 2019, pp. 50-65; p. 58.

16 G. Thunberg, TEDxStockholm. «The disarming case to act right now on climate change». Video en YouTube, 2018.

17 C. Alter *et al.*, «Greta Thunberg», p. 58.

18 *Ibid.*

19 *Ibid.*

20 *Ibid.*

21 *Ibid.*, p. 54.

22 W. E. B. Du Bois, *The Souls of Black Folk* (Nueva York: Oxford University Press, 2007 [1903]), pp. 2-3 [Hay trad. cast.: *Las almas del pueblo negro*. Madrid: Capitán Swing, 2020].

23 G. R. Uter, «Boys II Men». Ensayo escrito para el seminario de resistencia a la injusticia, Escuela de Derecho de la NYU, 2019.

24 F. de Waal, *The Age of Empathy* (Nueva York: Harmony, 2009) [Hay trad. cast.: *La edad de la empatía*. Barcelona: Tusquets, 2023].

25 Véase J. Gilligan, *Violence: Reflections on a National Epidemic* (Nueva York: Vintage, 1997) [Hay trad. cast. parcial: «Para una teoría de la violencia. Un enfoque epidemiológico de la violencia», *Yek Imene* 5(2001)].

26 J. Dorney, «Splitting the World Open: Connections among Women Teaching Girls», en N. Way, A. Ali, C. Gilligan y P.

Noguera (comp.), *The Crisis of Connection: Roots, Consequences, and Solutions* (Nueva York: NYU Press, 2018), pp. 322-344.

27 *Ibid.*, p. 342.

4. UN DAÑO MORAL

1   J. Shay, *Achilles in Vietnam: Combat Trauma and the Undoing of Character* (Nueva York: Scribner, 1994), pp. 3-4.

2   *Ibid.*, p. 4.

3   *Ibid.*, pp. 4-5.

4   *Ibid.*, p. 4.

5   L. M. Brown y C. Gilligan, *Meeting at the Crossroads: Women's Psychology and Girls' Development* (Cambridge, MA: Harvard University Press, 1992), pp. 5-6.

6   J. Shay, *Achilles in Vietnam*, p. 5.

7   L. M. Brown y C. Gilligan, *Meeting at the Crossroads*, p. 117.

8   *Ibid.*, pp. 136-137.

9   *Ibid.*, p. 138.

10 N. Way, *Deep Secrets: Boys' Friendships and the Crisis of Connection* (Cambridge, MA: Harvard University Press, 2011), p. 19.

11 *Ibid.*, pp. 12, 21.

12 *Ibid.*, p. 242.

13 *Ibid.*, p. 1.

14 C. Brontë, *Jane Eyre*. Barcelona: Penguin Clásicos, 2016.

15 *Ibid.*, p. 87.

16 Para un análisis de las diferencias entre las tres versiones del *Diario* de Ana Frank (su diario real, la versión editada por ella misma y la versión publicada por primera vez y editada por su padre), así como la parte expurgada por exigencia de su padre, véase C. Gilligan, «Regions of Light», en *The Birth of Pleasure* (Nueva York: Knopf, 2002), pp. 85-113 [Hay trad. cast.: *El nacimiento del placer*. Barcelona: Paidós, 2002].

17 J. B. Miller y I. Stiver. *The Healing Connection: How Women Form Relationships in Therapy and in Life* (Boston, MA: Beacon Press, 1997).

18 J. Y. Chu, *When Boys Become Boys: Development, Relationships, and Masculinity* (Nueva York: NYU Press, 2014), p. 209.

19 *Ibid.*, p. 108.

20 D. Moss, *Thirteen Ways of Looking at a Man* (Nueva York: Routledge, 2012), pp. 137-141.

21 *Ibid.*, p. 141.

22 L. Tolstói, *Ana Karenina*. Barcelona: Editorial Juventud, 1999.

23 A. Roy, *The God of Small Things* (Nueva York: Random House, 2017 [1997]), p. 168 [Hay trad. cast.: *El dios de las pequeñas cosas*. Barcelona: Anagrama, 2018].

24 N. Hawthorne, *The Scarlet Letter* (New York: Penguin, 1986 [1850]), pp. 18, 20, 190 [Hay trad. cast.: *La letra escarlata*. Madrid: Editorial Valdemar, 2018].

25 L. Tolstói, *Ana Karenina*, p. 297.

26 *Ibid.*, p. 327.

27 *Ibid.*, p. 307.

28 *Ibid.*, p. 303.

29 Agradezco a Carole Obedin por haberme señalado esto.

30 L. Tolstói, *Ana Karenina*, p. 308.

31 *Ibid.*

32 *Ibid*, p. 316.

33 *Ibid*, p. 320.

5. EN UNA VOZ DIFERENTE: SEGUNDO ACTO

1 Paul Thomas Anderson y Terry Gross sobre *El hilo fantasma*, NPR (online), 23 de enero, 2018.

2 P. Schrader, «In Writing *First Reformed*, an Intellectual Decision Soon Became Overwhelmingly Emotional», *Los Angeles*

Times, 2 de enero, 2019; véanse también: A. Wilkinson, «Paul Schrader on *First Reformed*: "This Is a Troubling Film about a Troubled Person"», *Vox,* 18 de junio, 2018; y E. Cortellessa, «Paul Schrader on *First Reformed's* Provocative Ending and Its Many Influences», *Slate,* 13 de junio, 2018.

3   A. O. Scott, «Spike Lee's *BlacKkKlansman* Journeys into White America's Heart of Darkness», *The New York Times,* 9 de agosto, 2018; R. Browne, «Spike Lee wants *BlacKkKlansman* to Wake America Up», *Time,* 9 de agosto, 2018.

EPÍLOGO: LA ÉTICA DEL CUIDADO

1   J. Berger, *G.: A Novel* (Nueva York: Vintage, 1972); C. Gilligan, *In a Different Voice: Psychological Theory and Women's Development* (Cambridge, MA: Harvard University Press, 1982) [Hay trad. cast.: *La moral y la teoría.* Psicología del desarrollo femenino. México DF: Fondo de Cultura Económica, 1985]; A. Roy, *El dios de las pequeñas cosas.* Barcelona: Anagrama, 2018.

2   L. M. Brown y C. Gilligan, *Meeting at the Crossroads: Women's Psychology and Girls' Development* (Cambridge, MA: Harvard University Press, 1992), pp. 31-32.

ÍNDICE ANALÍTICO

> «Para viajar lejos no hay mejor nave que un libro».
>
> EMILY DICKINSON

Gracias por tu lectura de este libro.

En **penguinlibros.club** encontrarás las mejores recomendaciones de lectura.

Únete a nuestra comunidad y viaja con nosotros.

penguinlibros.club

Penguin
Random House
Grupo Editorial

penguinlibros

Este libro

se terminó de imprimir en
Castellar del Vallès, Barcelona,
en el mes de junio de 2025